中等职业教育课程改革创新教材

中职生劳动教育教程

主 编 王鹏飞 黄顺辉 阳 检
副主编 方 霞 朱治波 李 勇
　　　　徐 艳 蒋 伟 胡泽林
　　　　唐 琪 周灿辉 姚维君

中国传媒大学出版社
·北京·

图书在版编目（CIP）数据

中职生劳动教育教程 / 王鹏飞，黄顺辉，阳检主编.--北京：中国传媒大学出版社，2024.2
ISBN 978-7-5657-3566-0

Ⅰ.①中… Ⅱ.①王…②黄…③阳… Ⅲ.①劳动教育—中等专业学校—教材 Ⅳ.①G40-015

中国国家版本馆CIP数据核字(2024)第021545号

中职生劳动教育教程
ZHONGZHISHENG LAODONG JIAOYU JIAOCHENG

主　　编	王鹏飞　黄顺辉　阳　检
策划编辑	温晓芳
责任编辑	温晓芳
封面设计	杨　楠
责任印制	李志鹏
出版发行	中国传媒大学出版社
社　　址	北京市朝阳区定福庄东街1号　　邮　编　100024
电　　话	86-10-65450528　65450532　　传　真　65779405
网　　址	http://cucp.cuc.edu.cn
经　　销	全国新华书店
印　　刷	清淞永业（天津）印刷有限公司
开　　本	787mm×1092mm　1/16
印　　张	8.5
字　　数	139千字
版　　次	2024年2月第1版
印　　次	2024年2月第1次印刷
书　　号	ISBN 978-7-5657-3566-0/G·3566　　定　价　39.80元

本社法律顾问：北京嘉润律师事务所　郭建平

前 言
PREFACE

党的二十大报告指出，要办好人民满意的教育，全面贯彻党的教育方针，落实立德树人根本任务，培养德智体美劳全面发展的社会主义建设者和接班人，加快建设高质量教育体系，发展素质教育，促进教育公平。职业教育是与普通教育具有同等重要地位的教育类型，是培养多样化人才、传承技术技能、促进就业创业的重要途径。2022年新修订的《中华人民共和国职业教育法》明确提出，国家大力发展职业教育，推进职业教育改革，提高职业教育质量。为贯彻落实新时代党对劳动教育的新要求，我们配合各职业院校劳动教育的开展，为充分发挥劳动独特的育人价值而编写了此书。本书具有以下特点。

1. 内容循序渐进，逐步提高学生的综合劳动素养

本书从劳动、技能、精神、品质、实践、梦想六个方面详细讲述了劳动教育对于中职生的意义及要求，层层递进、步步引导，旨在帮助学生树立正确的劳动价值观，让其在劳动中接受锻炼、磨炼意志，养成良好的劳动习惯。

2. 讲述榜样故事，引导学生形成劳动实践的自觉

本书通过讲述各种新时代的榜样故事，引导学生崇尚劳动、尊重劳动、热爱劳动，使学生树立精益求精的工匠精神和通过劳动创造美好生活的信念；培养学生爱岗敬业的劳动态度和不畏艰难、百折不挠、敢于担当的高尚品格，增强学生对劳动人民的感情，报效国家，奉献社会。

3. 注重劳动实践，助力提升学生就业创业能力

本书设置了丰富多样的实践活动，鼓励学生结合学科知识和专业技能积极开展实习实训、专业服务、社会实践、勤工助学等，引导其创造性地解决实际问题，进而积累职业经验，提升就业创业能力。

本书在编写过程中，参考和借鉴了劳动教育研究方面的文献资料、网络资源和相关的研究成果，在此向相关作者一并表示真诚的感谢！由于时间仓促，

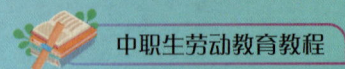

编者水平和经验有限,书中不足乃至错漏之处在所难免,敬请广大专家、读者和师生们批评指正,对本书提出宝贵意见,以便再版时进行修订,不断完善教材内容。

编　者

2023 年 11 月

目 录 CONTENTS

绪　　论　新时代，新青年 ……………………………………………… 1

第一单元　劳动创造生活 ……………………………………………… 5
 第一课　劳动的起源 ………………………………………………… 6
 第二课　劳动的发展 ………………………………………………… 9
 第三课　劳动的价值 ………………………………………………… 15
 实践活动　"幸福劳动者"采访活动 ……………………………… 19

第二单元　技能成就人生 ……………………………………………… 21
 第一课　大国尚技 …………………………………………………… 22
 第二课　生活技能 …………………………………………………… 27
 第三课　职业技能 …………………………………………………… 34
 第四课　社会技能 …………………………………………………… 39
 实践活动　绿色校园，从我做起 …………………………………… 44

第三单元　精神推动发展 ……………………………………………… 45
 第一课　劳动精神 …………………………………………………… 46
 第二课　工匠精神 …………………………………………………… 53
 第三课　劳模精神 …………………………………………………… 58
 实践活动　演话剧，颂匠心 ………………………………………… 64

第四单元　品质孕育希望 ……………………………………………… 65
 第一课　遵规守纪 …………………………………………………… 66
 第二课　安全卫生 …………………………………………………… 71
 第三课　诚实守信 …………………………………………………… 76
 第四课　勤俭节约 …………………………………………………… 80
 第五课　吃苦耐劳 …………………………………………………… 86
 实践活动　我的能力，我发现 ……………………………………… 90

第五单元　实践走向成功 ····· 91

- 第一课　假期实习 ····· 92
- 第二课　假期兼职 ····· 98
- 第三课　顶岗实习 ····· 104
- 实践活动　"实习中的二三事"主题写作 ····· 116

第六单元　劳动铸就中国梦 ····· 117

- 第一课　国货崛起 ····· 118
- 第二课　中国创造 ····· 123
- 实践活动　个人梦与中国梦 ····· 128

绪论

新时代，新青年

"统筹推动文明培育、文明实践、文明创建，推进城乡精神文明建设融合发展，在全社会弘扬劳动精神、奋斗精神、奉献精神、创造精神、勤俭节约精神，培育时代新风新貌。"

——习近平总书记在中国共产党第二十次全国代表大会上的报告

习近平总书记在纪念五四运动100周年大会上指出:"青年是整个社会力量中最积极、最有生气的力量,国家的希望在青年,民族的未来在青年。"新时代的青年,要学会用爱岗敬业的劳动精神、艰苦奋斗的劳模精神和精益求精的工匠精神唱响"劳动之歌",立足岗位、躬身笃行,肩负起新时代的职责与使命,为祖国建设添砖加瓦。

中华人民共和国国务院新闻办公室于2022年4月21日发布的《新时代的中国青年》白皮书指出,新时代中国青年生逢中华民族发展的最好时期,拥有更优越的发展环境、更广阔的成长空间,面临着建功立业的难得人生际遇。白皮书中说,随着经济社会快速发展,新时代中国青年获得了更优越的发展机遇,教育机会更加均等,职业选择丰富多元,发展流动畅通自由,实现人生出彩的舞台越来越宽阔。

《一日人生》

2020年5月1日，人民视频携快手共同发起《一日人生》劳动节接力直播，从5点至24点，"水果医生"、武铁武汉所铁警、外卖小哥和演员矢野浩二等19位不同职业人轮番上阵，记录真实生活。当天，《一日人生》系列直播观看人次达3 121万，点赞数2 522万，其中人民视频直播间吸引了超过1 000万人次观看。

新的一天，从升旗仪式开始。主播"尘客将军"为网友直播北京天安门广场的升旗全程。清晨5时许，仪仗队员迈着整齐划一的步伐踏过金水桥，穿过长安街。一切准备就绪后，5点15分，在国歌伴奏下，五星红旗冉冉升起。"尘客将军"是快手平台短视频红人，坚持每天为观众直播升降旗，宣扬正能量。

网红"水果医生"王野虓接力直播，他是黑龙江省鹤岗市人民医院重症医学科（ICU）的主治医师，擅长以浅显易懂的语言科普医学知识。在直播中，他用水果模拟人体器官，为网友讲解妇科疾病的原理和治疗方式。此外，他还通过情景模拟的方式给人们教授一些常见的基础急救技巧。王野虓从2018年开始，尝试给猕猴桃做龙凤胎剖宫产，用苹果演示心脏缝合手术，给杧果切阑尾……生动有趣的手术示范令他一举爆红。

90后无臂女孩杨莉用脚做了一盘西红柿炒鸡蛋和一碗清汤面，在直播间边吃边和网友聊天。她因童年时期的一场意外失去双臂，此后学习用脚生活，不少人在直播间祝福她早日找到心仪的对象。杨莉于2018年开设快手账号，化名"芯痧"在平台分享日常生活，展示用脚化妆、洗脸、写字、织毛衣、包饺子、切西瓜等各种细节。她的励志人生及乐观积极的生活态度感动了无数网友。

在中国生活了20年的日本演员矢野浩二在直播中讲述了自己的工作学习经历，并分享了饮食和身材管理方法。作为"中国人的女婿"和"中国人最熟悉的日本面孔"，矢野浩二直言非常喜欢中国。中国暴发新冠疫情初期，他第一时间筹集了13万只口罩，从日本寄往中国。

除此之外，维持市容的环卫工人，唤醒味蕾的早餐铺老板，武铁武汉所最帅铁警，登上《时代》杂志的外卖小哥高治晓，快手主播"娃娃"，以及消防员、婚礼主持人、交警、农民工、北漂青年、妇产科医生等各行各业的劳动者均出现在直播中，为网友呈现日常工作，体现了平凡人的不平凡人生。

探究与思考

和同学讨论，说一说在新时代，青年人应该怎么做才能够展现自己最美的青春。分析自身的特点，谈一谈面对这个最好的时代，你觉得自己身上有哪些优势。

第一单元

劳动创造生活

　　劳动是推动人类社会进步的原动力，也是实现个人价值的重要途径。无论是在物质生活还是精神生活中，劳动都扮演着重要的角色。通过劳动，我们不仅创造了物质财富，而且创造了精神财富，劳动使我们感到充实和满足。

　　总之，劳动创造生活，也创造美好。只有通过勤劳的付出，我们才能实现自己的梦想和价值，从而过上充实美好的生活。

第一课
劳动的起源

* 这是一张北京博物馆山顶洞人劳动模型图。在这张图中,可以清楚地看到旧石器时代山顶洞人的各种劳动模式,有狩猎、缝补、生火等。
* 想一想,如果让你穿越到旧石器时代,你的一天将会是什么样的呢?

说到劳动的起源,我们还要从原始人的日常生活说起。有人说,原始人多幸福啊!他们不用工作,饿了就去打猎,吃的都是原生态的食物,不用忍受拥挤的交通、污浊的空气,小孩子也不必每天辛苦地上学、上补习班……原始人的生活比我们现代人舒服多了!事实真的如此吗?假如能够穿越回山顶洞人时期,你的一天将会经历些什么呢?

第一单元 劳动创造生活

拓展阅读

清晨，旭日东升，一位中年原始人站在一块大石头上放声吆喝了一会儿，以此将整个部落唤醒，提醒人们要开始一天的工作了。

原始人大都以打猎捕鱼为生，由于男性原始人相对健壮，他们便顺理成章地成为生计的维持者。他们常通过一些自制工具合作狩猎。

女性原始人也要履行她们的责任，主要是采摘野果、缝补兽皮等一些基本的工作。除此之外，她们还要不断地仔细观察身边的事物，找出它们的新作用，这样就能够为她们的配偶或家人捕食猎物提供一定的帮助。

天空一片漆黑，只点缀着几颗星星。男性原始人陆续回来，女性原始人也要准备食物了。虽然他们劳作了一天，但还不能保证整个部落的人都能吃饱。

由以上场景可见，原始人的生活并没有我们想象中那么美好。他们每天不仅要进行大量艰苦的劳动，还要防范野生动物的侵袭。另外，如果遭遇大的自然灾害，他们还有可能失去家园甚至性命。当然，在长期的劳动实践中，人们也逐渐增长了智慧，发明了越来越多的劳动工具，提高了抵御野生动物和自然灾害的能力。

如果我们能够穿越回原始社会，就会惊奇地发现：原始人经常会拿着或大或小、形状各异的"神秘石头"敲敲打打。原来，经过这样的加工，这些石头就成了他们最重要的劳动工具。他们将小块的石头磨成锋利的尖块，然后绑在树枝上，就有了最早的矛；将较为方正的石块绑在较粗短的木棒上，就做成了锤。除此之外，还有石刀、石镰、石球等。石头在原始人的生活中发挥着重要的作用，也正是石质的劳动工具——石器的使用，才让原始人逐渐和猿类的发展"分道扬镳"了。

 **知识链接**

文物一览

石钺（仰韶时期，距今 7 000—5 000 年）

此图中的石钺呈扁平状，材质颇佳，制作精细，不但有磨制精良的刃部，而且钻有非常规矩的圆孔，反映了仰韶时期石兵器的发展与进步。

石磨盘、石磨棒（新石器时期早期，距今 8 000—7 600 年）

此图中的石磨盘、石磨棒均为红褐色砂岩磨制，磨盘略呈长方形，盘面光滑，两端上翘，中部下凹。石磨棒为长条状，磨面平滑，背浑圆。磨盘、磨棒配合使用，为古代加工谷物的工具。

 **探究与思考**

你还知道哪些原始时期与劳动有关的文物？请举例说明。

第二课
劳动的发展

* 这是一张人类起源的示意图,它简洁、生动地表现了人类漫长的发展过程。
* 劳动让人类告别古猿的形态,也始终伴随着人类历史的发展。那么,劳动自身又是怎样发展的呢?

一、农业文明时期

当人类逐渐学会了种植农作物和驯养家畜时,就意味着已经进入了农业文明时期,再也不用随着自然环境的变化而不断迁徙,而是根据气候变化开始了相应的生产劳动,并逐渐过上了定居的生活。农业生产是中国传统文化产生和发展的社会基础,也是中国几千年农业文明形成和发展的源泉。

二十四节气

中国古代的人民，在长期的生产实践中逐步认识到大自然季节更替和气候变化的规律，他们结合日月的运行位置，把一年平分为二十四等份，并且给每等份取了一个专有名称，这就是二十四节气。二十四节气是中国农耕文化的重要组成部分，从古流传至今，广泛地影响着我国广大劳动人民的生产和生活。

一般来说，上半年的节气在每月的6日和21日前后，下半年的节气在每月的8日和23日前后，最多相差一两天。我国民间流行着一首可以帮助人们记忆二十四节气的歌诀：

春雨惊春清谷天（立春、雨水、惊蛰、春分、清明、谷雨），

夏满芒夏暑相连（立夏、小满、芒种、夏至、小暑、大暑）。

秋处露秋寒霜降（立秋、处暑、白露、秋分、寒露、霜降），

冬雪雪冬小大寒（立冬、小雪、大雪、冬至、小寒、大寒）。

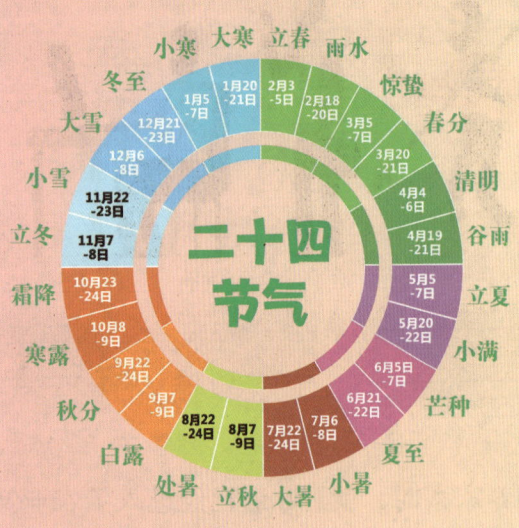

节气，表示一年中太阳在天空的不同位置，因此也相应地指示了四季寒暑的变动。勤劳智慧的古人，在确定二十四节气的名称时，也考虑到了当时的气候、物象及农事活动。例如，立春、立夏、立秋、立冬、春分、夏至、秋分、冬至八个节气是预示季节转换的。小暑、大暑、处暑、小寒、大寒、白露、寒露、霜降八个节气，是反映气温变化的，前五个节气表示天气炎热和寒冷的时间、过程；后三个节气表示天气转凉，空气中水汽的不同凝结状况。而雨水、谷雨、小雪、大雪四个节气，预示着降雨、降雪的时期和程度。至于惊蛰、清明、小满、芒种四个节气，则反映了生物受气候变化影响而出现的生长发育现象与农事活动情况。

中国传统农业的发展有以下三个重要阶段。

1. 秦汉、盛唐时期

随着塞外游牧民族的兴起，农耕与放牧文化的对峙与融合，成为这一时期的主要内容。由于这一时期君主的励精图治，中央集权制度得到进一步巩固，封建生产关系也正式确立，大型农田水利工程的兴修，铁犁牛耕的推广，北方旱作技术体系的成熟，为汉唐时期农业的发展与进步奠定了坚实的基础。

特征：小麦的推广与农作物结构的变化、北方旱作技术体系的成熟、铁犁牛耕的普及、畜牧业的繁盛以及丝绸之路的开通发展、饮食文化的发达、大型综合性农书的问世等。

特征：水田耕作技术体系的形成、江南农田水利的发展、园圃业的商品化、棉花的引种及传播等，中国传统农业发展重心南移后的稻作农业技术体系逐渐形成。

2. 宋元时期

历史上发生的多次大规模的北人南迁行为，极大地促进了南方农业的开发与发展。先进的农业科技和生产工具、充足的劳动力和江南优越的自然条件，是宋元时期江南稻作技术体系成熟的基本要素。在这一时期，江南的经济地位显著提升，中国经济重心南移进程完成。

3. 明清时期

明清时期人口激增，人地矛盾成为国家必须应对的基本国情。在人口压力的推动下，土地利用率显著提高，农业向更加精细化的方向发展；农业地域空前拓展，促进了新农区的开发。第三次引种高潮改变了我国基本的作物与饮食结构，传统农业科技体系全面成熟。

特征：耕作制度的变化、基塘农业的出现、土地开发利用的多元化、农业科技的运用及发展等，农业开始呈现出精细化、集约化和商品化的特点。

 **知识链接**

《诗经·豳风·七月》（节选）

七月流火，九月授衣。一之日觱发，二之日栗烈。无衣无褐，何以卒岁？三之日于耜，四之日举趾。同我妇子，馌彼南亩，田畯至喜。

七月流火，九月授衣。春日载阳，有鸣仓庚。女执懿筐，遵彼微行，爰求柔桑。春日迟迟，采蘩祁祁。女心伤悲，殆及公子同归。

 **探究与思考**

选择一个朝代，假设你是这个朝代的普通人，你每天要通过从事哪些劳动来保证自己的生活？请以小组为单位，每组派一个代表表演一下自己所扮演的角色一天中每个时间段的工作。

二、工业革命时期

在传统的农业社会，人类劳动主要以体力劳动为主。而到了第一次工业革命时期，这种情况发生了改变。机器开始取代人力，大规模的工厂化生产逐渐取代了个体手工业劳动，人类社会由此进入了工业革命时期。工业革命不仅是一次伟大的技术革命，也是一场深刻的社会变革。

第一次工业革命	第二次工业革命	第三次工业革命	第四次工业革命
18世纪中期	19—20世纪初期	20世纪后半期	（第二次信息革命）21世纪前半期
以蒸汽机为基础的机械化革命	以电气能源为基础的批量生产革命	以电脑和网络为基础的知识信息革命	以大数据、人工智能、物联网等信息技术为基础的超链接革命

中国工业文明是在社会主义建设进程中发展起来的。随着改革开放的不断深入、人们思想的不断解放，以及党的工作重心逐渐向经济建设转移，我国慢慢探索出了中国特色社会主义道路，并在工业文明建设上取得了重大进展。如今，我国工业生产发展迅速，建立了门类齐全的工业体系。我国产业结构更加合理，农业、轻工业、重工业协调发展，第三产业迅速发展；交通、通信业变化巨大，经济、文化、人员交流日益便捷；对外贸易迅猛发展，迅速加入经济全球化进程，逐渐发展成外向型经济。此外，我国的市场经济体制基本形成，人们的生活水平迅速提高，基本实现小康目标。

拓展阅读

劳动节的由来

劳动节源于美国芝加哥城的工人大罢工。1886年5月1日，芝加哥的二十一万六千余名工人为争取实行八小时工作制而举行大罢工，经过艰苦的流血斗争，终于获得了胜利。为纪念这次伟大的工人运动，1889年7月，在巴黎举行的第二国际成立大会通过决议，宣布将每年的5月1日定为国际劳动节，号召各国的劳动者共同努力，为八小时工作日而奋斗。

中国人民庆祝劳动节的活动可追溯至1918年。这一年，一些革命知识分子在上海、苏州、杭州、汉口等地向群众散发介绍五一劳动节的传单，引导工人阶级觉醒。1920年5月1日，北京、上海、广州、九江、唐山等工业城市的工人群众浩浩荡荡地走向街市，举行了声势浩大的游行集会，这就是中国历史上的第一个五一劳动节。中华人民共和国成立后，中央人民政府政务院于1949年12月将每年的5月1日定为法定的劳动节。今天的劳动节已经成为弘扬劳动价值、表彰劳动者的重要贡献、维护劳动者合法权益的重要节日。

 **知识链接**

劳动节各地习俗

中国

中央人民政府政务院于1949年12月将5月1日定为法定的劳动节，全国放假一天。2008年起，五一黄金周变为五一三天小长假。

美国、加拿大

政府自行规定每年9月的第一个星期一为劳动节。每逢9月的劳动节，人们可以放假一天。

俄罗斯

五一这天，俄罗斯全国放假。

泰国、秘鲁

政府将每年的5月1日确定为国家的劳动节，全国统一放假一天。

 **探究与思考**

请想一想你的家乡在四次工业革命下都发生了什么样的变化，请以询问长辈、网上搜索等方式，了解家乡的变化，填写表1-1。

表1-1 工业革命下家乡的变化

时间	变化
第一次工业革命	
第二次工业革命	
第三次工业革命	
第四次工业革命	

第三课
劳动的价值

劳动的价值

* 这是一张水稻的照片。说到水稻，你想到了谁，是谁让中国人都能吃饱饭的？是袁隆平院士。袁老的一生是辛勤劳动的一生，是为中国农业奉献的一生。
* 劳动不只是洗衣、做饭、打扫卫生，更是务实、做事、操作、实践，劳动贵在让人用身体丈量物理和心灵的世界。通过学习，你认为劳动可以创造哪些价值？

劳动是人类社会的基础，是人类生存和发展的必需品。在人类历史的漫长进程中，劳动经历了从采集到狩猎、农耕、手工业、工业化到现代技术时代的变迁，但其本质和意义一直存在，是不可替代的。

> 我有一个梦，叫"禾下乘凉梦"，我们的水稻有高粱那么高，穗子有扫帚那么长，籽粒有花生那么大，我看着好高兴，坐到稻穗下乘凉。
>
> ——袁隆平

一、经济价值

劳动是生产收入的源头，是创造财富的基础。人类的物质生活靠劳动来维持和提高。劳动是人类创造社会价值的手段和方式，通过劳动，人类能够生产出各种物品并提供服务，满足人类日益增长的生产和消费需求，促进社会的繁荣与发展。

二、精神价值

劳动不仅能够创造经济收益，还能给予人们充实感、成就感、自豪感和满足感。例如在繁忙的生产中创造出一件美好的产品，不仅能带来经济收益，还能满足劳动者的成就感。因此，劳动不仅是生产生活的手段，也是展示人类创造力的载体，是人类精神世界的体现。

三、人文价值

在劳动中，人们不仅可以与自然环境和谐相处，掌握物质运动的规律和发挥创造力，还能建立和谐的社会关系，培养合作精神、自立能力和创新能力，提高对社会的责任感和自身文化素养，推动个体生命的完全发展和社会的全面进步。

四、生存价值

人类是劳动动物，在劳动中人们不仅能够获取生计所必需的物质资源，还能实现与其他人的交流和沟通，建立起属于自己的社会地位和归属感。人们通过劳动来获得人生的意义，通过为社会做贡献来体现自己的价值。

劳动作为人类生存和发展的基础和重要保障，具有不可替代的意义和价值。建立一个让劳动价值充分释放的社会，就应当尊重和保护劳动者的利益和权益，提高劳动者的劳动技能和素质，使劳动者不断创新劳动方式，提高劳动生产率，从而推进人类社会的全面进步和发展。

 **拓展阅读**

2020 年的劳动节，你幸福吗？

新冠疫情就像一个突如其来的暂停键、重复键，大多数人的生活仿佛都停留在同一天，起床、吃饭、百无聊赖、睡觉、起床、吃饭……不用挤公交、地铁，不用在格子间忙乱，从没想到过乖乖蹲在家里就是对国家最大的贡献——这样的生活是不是很爽？

然而，一天，两天，三天……当复工的通知一再延迟，居家的日子似乎没有尽头时，很多人却蹲不住了，除了生计的窘迫，更多的是内心的躁动不安。为什么梦幻中的闲散生活没有产生美满的效果呢？是什么在内心里蠢蠢欲动？身体想动起来，收拾屋子、钻研美食、学习新知识新技能，甚至想冲破重重障碍复工复产，而这，就是劳动的魅力！

人的生活平凡而琐碎，是劳动赋予了生活不同的意义，通过日复一日的日常劳作一点点积累，才成就了波澜壮阔抑或风轻云淡的一生。在按部就班劳作生活的日子里，我们并没有觉得劳动可贵，这种生活的失而复得反而让劳动显得弥足珍贵。

很多人感慨，如果没有这场疫情，从来都不会知道那些平凡又忙忙碌碌的岁月的可贵。新冠疫情最严重的时候，无数人的心愿是平静地上好每一天班，然后重新体会过去那种忙碌的每一天，人生最宝贵的是"阳光底下最细碎的幸福"。

新冠疫情教会了我们，生活的意义不是想出来的，不是说出来的，而是在一天天普通的日子里过出来的。正如儿时就会哼唱的歌曲《劳动最光荣》，"幸福的生活哪里来，要靠劳动来创造"，儿时听到的，只是朗朗上口的旋律，过尽千帆，方领会这里面竟藏着人生颠扑不破的大道真言。

劳动，在日复一日的忙碌中——在土地上耕耘，春种秋收，在工作岗位上兢兢业业，在家为家人张罗一桌好饭……一切的辛勤、用心，让生活变得丰富而多彩。

 **探究与思考**

你在新冠疫情期间都做了些什么？请结合你的经历谈谈那段时间自己的感受。

实践活动

"幸福劳动者"采访活动

农民、工人、快递员、外卖员、房产中介、程序员、美工、设计师、工程师、作家、科学家、图书管理员……在我们身边有各行各业的劳动者，他们是普通的，也是不普通的，因为每个人都凭借着自己的坚持和不懈的奋斗，过上了属于自己的幸福生活。

请以小组(4~6人)为单位寻找身边或网络上至少3个行业的"幸福劳动者"，采访他们，了解他们的劳动故事，了解他们是如何通过劳动收获幸福生活的，要求将采访过程和结果以PPT或短视频的形式呈现。

过程记录

活动开展计划：

活动开展关键点：

活动开展难点及解决方案：

心得体会：

结果评价

教师可参考评价标准，对各小组"幸福劳动者"的采访活动进行评价，总分值100分，具体分值分配见表1-2。

表1-2 "幸福劳动者"采访活动评价表

评价标准	分值	分数小计	教师评价
提前做好活动方案的策划	20		
达到采访的目的	20		
分工合理，小组各成员均积极参与	20		
故事讲述精彩	20		
PPT制作精美/短视频剪辑精美	20		

第二单元

技能成就人生

凡琴棋书画，医卜星相，如有一技之长者，前来进谒，莫不优礼以待。

——清 李汝珍《镜花缘》

释义：凡是擅长琴棋书画、医卜星相中某一个领域的人，前来觐见，全都以礼相待。

凡执用之工不在列。余圜视大骇，然后知其术之工大矣。

——唐 柳宗元《梓人传》

释义：凡是被他役使的工匠都不在上面列明。我围绕着一看，感到非常惊讶，然后我才知道他技术的精湛和伟大啊！

百工技艺，各祠一神为祖。

——清 纪昀《阅微草堂笔记·滦阳消夏录四》

释义：各类手艺技术，各自以一个出神入化的人为祖师爷。

第一课
大国尚技

* 时代的发展给技能人才带来了更多机遇，创造了有利的政策环境。
* 既要志存高远，又要脚踏实地。技能学子的成才梦是基于对理想与现实的不懈追求。
* 把个人的成才梦与实现中华民族伟大复兴的中国梦融汇合流，是技能人才成长和成才的最佳路径。

人们常说，千金在手不如一技傍身。掌握一门技能能够打开职业发展的大门，依靠不断提高的技能水平，能够创造更多的社会价值，实现个人成长和人生抱负。靠"千金"终会坐吃山空，学好技能才是真正端起了"金饭碗"。当今时代是学习技能最好的时代，它为技能人才提供了更广阔、更多元的舞台，让技能学子拥有了更多人生出彩、梦想成真的机会。

党的十八大以来，党和国家高度重视技能培训，经费投入大幅增加，职业技能院校的办学条件明显改善，发展环境不断优化。站在这一起点上，我们应顺应时代潮流，以成为高素质劳动者和技术技能人才为目标，培育自身精益求精的工匠精神和爱岗敬业的劳动态度，为当前技能培训面临的时代使命而奋斗。

经济的腾飞离不开千百万的能工巧匠，社会的进步离不开数以亿计的高素质劳动者。职业教育作为工匠的摇篮，肩负着培养多样化人才、传承技术技能、促进就业的重要职责，承担着努力培养数以亿计的高素质劳动者和技术技能人才的历史重任。

拓展阅读

世界冠军胡萍的"工匠"梦

21岁的胡萍，圆圆的脸，齐耳的短发，戴着一副大框眼镜，笑起来萌萌的，让人很难把她和"世界冠军"联系在一起。但这个北京姑娘在2017年10月举行的第44届世界技能大赛上，战胜了来自29个国家和地区的选手，夺得服装技术项目的金牌。她也是我国金牌得主中唯一的一名女选手。

"站在最高领奖台上，我激动，我兴奋。回想自己走过的路，我越来越深刻地体会到，是对梦想的坚持，让我一步步走到今天。学习服装专业是我一直以来的愿望，成为一名'工匠'是我追求的梦想。"

2013年，刚刚17岁的胡萍踏进了北京市工贸技师学院。第一次走进服装系的实训室，笨手笨脚使用缝纫机的那一幕让胡萍至今难忘。胡萍回忆："从小我就是一个喜欢动手、喜欢画画的孩子，在有着44年历史，培养了许多知名设计师和工艺师的服装专业院校学习，实现了我的愿望，让我离梦想越来越近。"

北京市工贸技师学院，这是胡萍"工匠"梦开始的地方。2015年，胡萍19岁。她的学姐，当时刚满20岁的陈碧华代表中国参加第43届世界技能大赛时装技术项目比赛并斩获铜牌。胡萍备受鼓舞，当时就暗下决心：一定要刻苦学习，认真训练，一定要参加这个比赛，一定要向学姐那样身披国旗站在世界技能大赛的领奖台上！

2016年8月，胡萍20岁。经过一年大赛班的学习和训练，胡萍通过了北京市选拔赛和全国选拔赛，成功入选第44届世界技能大赛时装技术项目中国集训队。

通过集训的打磨，胡萍增强了主动意识、沟通能力与技巧，规范了技术动作，提高了适应陌生的工作环境、工具设备、交流对象等综合适应能力。

训练的过程虽然艰苦，但是每天都过得很充实。每天的训练时间里，她至少有8个小时都是站着的，尽管很累，但是胡萍完全不觉得烦闷枯燥。

这是逐梦的过程，胡萍说她很享受这个过程。

胡萍在集训的"10进5""5进2""2进1"的比赛中都拿到了第一名的好成绩，赢得了离实现"工匠"梦想最近的机会，代表中国参加第44届世界技能大赛时装技术项目比赛。肩负着责任和使命，胡萍赢得了荣誉，实现了她的"工匠"梦想。

胡萍表示："我会继续苦练技能，做一名新时代的'大国工匠'！我坚信，在这个时代，技能一定能成就我未来精彩的人生！"

探究与思考

阅读以下两则市场招聘信息，或者上网搜索与自己所学专业相关的市场招聘信息。通过对招聘信息进行分析，思考哪些招聘要求是需要在学校学习时提前做好准备的，哪些招聘要求是需要未来通过实践学习获得的，并完成表2-1。

一、维修技工

・职位描述：

（1）对生产线操作工的紧急援助请求能够迅速做出反应。

（2）能够迅速分析和解决设备故障。必要时寻求控制系统技术人员的支持。

（3）必要时请求外部协助。

（4）同生产线和工厂管理人员沟通交流故障解决进度。

· 职位要求：

（1）具备读懂机械图纸的能力，可根据设计图纸的要求完成释放器的组装工作以及其他工作。

（2）具备使用CAD、Pro/E等软件的能力。

（3）有扎实的电气控制系统知识。

（4）有扎实的基础液压和气动、电气设备知识。

（5）具备在工作中解决故障和实际问题的能力。

二、机械工程师

· 职位描述：

（1）负责产品的机械设计、调试、技术支持和服务工作。

（2）进行项目的研发与设计。

· 职位要求：

（1）具有1年以上机械设计制造方面的工作经验。

（2）精通非标机械设计，熟悉机械结构。

（3）能熟练使用SolidWorks、CAD、CAXA等软件绘制加工装配图纸。

（4）具有较强的责任心、吃苦耐劳的素质、团队合作意识、动手能力。

（5）能适应长期出差的工作要求。

表2-1 招聘要求分类表

需要在学校学习时提前做好准备的要求	需要未来通过实践学习获得的要求

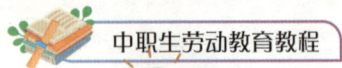
 知识链接

提高技能人才队伍建设的有关法规

2017.2
《新时期产业工人队伍建设改革方案》
从加强和改进产业工人队伍思想政治建设、构建产业工人技能形成体系、运用互联网促进产业工人队伍建设、创新产业工人发展制度、强化产业工人队伍建设支撑保障等5个方面，提出了25条具有针对性和实效性的改革举措。

2018.3
《关于提高技术工人待遇的意见》
突出"高精尖缺"导向，大力提高高技能领军人才待遇水平；实施工资激励计划，提高技术工人收入水平；构建技能形成与提升体系，支持技术工人凭技能提高待遇；强化评价使用激励工作，畅通技术工人成长成才通道。

2018.5
《关于推行终身职业技能培训制度的意见》
推行构建终身职业技能培训体系、深化职业技能培训体制机制改革、提升职业技能培训基础能力等一系列终身职业技能培训的政策安排。

2019.5
《职业技能提升行动方案（2019—2021年）》
大力推行终身职业技能培训制度，面向职工、就业重点群体、建档立卡贫困劳动力等城乡各类劳动者，大规模开展职业技能培训，加快建设知识型、技能型、创新型劳动者大军。

2020.12
《关于进一步加强高技能人才与专业技术人才职业发展贯通的实施意见》
打通高技能人才与专业技术人才职业发展通道，探索建立理论与实践相结合、技术与技能相促进的人才评价使用激励机制，激发高技能人才创新活力。

2021.1
《技能人才薪酬分配指引》
实行岗位成长和职级通道并行设置、互相衔接，促进形成技能人才在企业内部有职业发展、能成长为专家的稳定预期。引导企业对技能要素和技能人才创新性劳动的认可，在薪酬体系、岗位工资、绩效工资设计等方面提出具体建议。

第二课
生活技能

* "一屋不扫,何以扫天下?"只有从一根线、一粒米的小事做起,由近及远,由小及大,成长的基石才能一层层夯实,人生的扣子才能一粒粒扣好。
* 良好的生活技能可以帮助学生更快地适应集体生活,学生在参与生活劳动的同时,也能够收获自信与乐趣。你认为,中职生应该掌握哪些基本的生活技能呢?

千里之行,始于足下。"不会""我有更重要的事情做"不应该是学生拒绝生活劳动的借口,学生在学习成长的过程中也不应该只是以学习书本知识为中心、以分数多少论成败,更应该养成良好的劳动习惯。生活技能是指一个人有效地处理日常生活中各种需要的技术和能力。中学生是一个处于成长阶段的群体,他们需要掌握一些生活技能,以便更好地适应社会。

一、学会自我管理

中学生应该学会自我管理，包括时间管理、情绪管理、行为管理等。只有掌握了自我管理的能力，才能更好地掌控自己的生活。

二、学会独立生活

中学生应该学会独立生活，包括自己做饭、洗衣服、打扫卫生等。这些生活技能不仅能够提高自己的生活质量，还能够培养独立自主的能力。

三、学会沟通交流

中学生应该学会沟通交流，包括与家人、朋友、老师等其他人的沟通交流。学生有了良好的沟通交流能力，才能更好地与他人相处。

四、学会解决问题

中学生应该学会解决问题，包括分析问题、寻找解决方案、实施方案等。只有提高自己解决问题的能力，才能更好地应对生活中的各种困难与挑战。

五、学会自我保护

中学生应该学会自我保护，包括避免危险、应对突发事件等。学生只有掌握了自我保护的能力，才能更好地保护自己的安全。

六、学会合理饮食

中学生应该学会合理饮食，包括均衡饮食、避免暴饮暴食等。学生掌握合理饮食不仅能保证身体的合理营养，而且能促进身体的健康发展。

七、学会锻炼身体

中学生应该学会锻炼身体，包括运动、健身等。学生只有保持良好的身体素质，才能更好地享受生活，充分发挥自己的潜能。

八、学会社交礼仪

中学生应该学会社交礼仪，包括礼貌待人、尊重他人等。学生只有掌握了社交礼仪，才能更好地与人相处，建立良好的人际关系。

九、学习阅读

中学生应该学习阅读，包括阅读各种书籍、报纸、杂志等。学生只有提高自己阅读的能力，才能更好地拓宽自己的知识面。

十、学习写作

中学生应该学习写作，包括写各种文章、日记等。学生提高自己写作的能力，可以更好地表达自己的思想和感受。

十一、学习绘画

中学生应该学习绘画。学生掌握了绘画的能力，有利于更好地发挥自己的创造力。

十二、学习音乐

中学生应该学习音乐，包括唱歌、演奏乐器等。学生提高自己的音乐素养，不仅能陶冶自己的情操，还能启迪自己的创造思维，放松身心。

十三、学习舞蹈

中学生应该学习舞蹈，包括各种舞蹈形式。掌握舞蹈技能，不仅能更好地锻炼学生的身体协调能力，而且可以提高学生的艺术修养。

十四、学习外语

中学生应该学习外语，包括英语、日语、韩语等。学生学习外语，不仅能帮助自己锻炼记忆力和语言表达能力，而且能更好地开阔自己的国际视野。

十五、学习计算机

中学生应该学习计算机，包括计算机基础知识、办公软件等。拥有计算机技术应用的能力，可以使学生更好地适应信息化时代。

十六、学习金融

中学生应该学习金融，包括理财、投资等。学生掌握了金融方面的知识，可以更好地管理自己的财务。

疫情期间做家务，在劳动中成长

小莉是某学校的中职生，在新冠疫情期间，她为父母分担家务，在劳动中收获了成长。

小莉的爸爸妈妈因为工作繁忙，经常很晚回家，小莉因此承担了做饭的任务。有时候煮一锅香浓的小米粥，做几个小菜；有时候给家人煎鸡蛋，蒸几个馒头。小莉的妈妈说："每次回家能吃上闺女做的热腾腾的饭菜，顿时就不觉得累了。"

"之前在学校读书，并不知道爸爸妈妈是怎么照顾弟弟的。现在知道他们白天要上班，晚上回来要照顾弟弟，还要做饭、做家务。在家的几个月，我深切感受到了父母养儿育女的辛苦。"小莉说。

小莉为了分担父母家务劳动的压力，不但主动揽下每日三餐和洗碗的任务，还带着弟弟一起参与家庭劳动。

弟弟抱着好奇的心态，跟着她做了几天后就想"罢工"。她对弟弟说："我们长大了，应该主动做一些力所能及的事，减轻父母工作之余的家务负担。"在她的带动下，弟弟坚持了下来。

对小莉来说，难度最大的就是做午饭。因为周一到周五，每天上午的网课接近12点才结束。为不耽误父母下午的工作，她需要有规划地提前做饭，还要预先想好当天炒什么菜，才不会出现手忙脚乱的情况。

"做家务是最基本的劳动，即使是做饭洗碗，我觉得自己在这个过程中也有很多收获。"她说，"学习和劳动应该是一样的，需要提前做好规划，再进行多次的实践和练习，才能有进步。"

知识链接

中国居民平衡膳食宝塔

中国居民平衡膳食宝塔（2022）阐释了平衡膳食的主旨思想和食物组成结构，利用塔形很好地突出了中国文化特色和平衡理念，也方便大众记忆和理解。

探究与思考

当被问到为什么不做家务时，有些同学是这样回答的。

同学一：我妈妈说，家务有她和爸爸，我只管学习就好。由于妈妈坚决不让做，我也无从插手。

同学二：我认为没必要做，家务都是些低难度的活，等我必须做时一学就会了，即使不会还可以请保姆，有这个时间还不如上网学点技术呢。

同学三：有时我也会做些家务，可实在是不喜欢，也坚持不下来，明知道自己做不好，还不如不做呢。

听了上述几种回答，你能帮助他们找到愿做、会做、善做家务的良方吗？

第三课
职业技能

* 这是一张职业技能等级证书,是为通过职业技能等级认定的劳动者颁发的。
* 在学习期间,学生应重视职业技能等级认定证书或者职业资格证的获取,这样在就业市场上将更具有竞争优势。基于你的专业,思考一下,毕业前你应该掌握哪些职业技能呢?

职业技能

职业技能,即学生将来就业所需要的技术和能力。学生具备良好的职业技能是顺利就业的前提。中职生应立足所学专业,通过从事生产性劳动和服务性劳动来练就和提升自己的职业技能。

根据2019年人力资源和社会保障部发布的《关于改革完善技能人才评价制度的意见》中"建立健全以职业资格评价、职业技能等级认定和专项职业能力考核等为主要内容的技能人才评价制度，形成有利于技能人才成长和发挥作用的制度环境"的要求，职业院校应充分调动学生学习职业技能的积极性，帮助学生提高职业技能。

一、职业技能的特点

（1）时代性：不同时代不同职业的技能在特征上存在一定的差异。
（2）专业性：不同职业都有自身的专业性特征。
（3）层次性：职业技能具有不同的层次。
（4）综合性：职业技能具有综合性的特征。

二、职业技能的分类

1. 专业知识技能

专业知识技能是指专门进行学习以及记忆之后真正掌握的一些知识，一般与工作内容有密切关系，是个人工作岗位必须掌握的专业知识与技能。

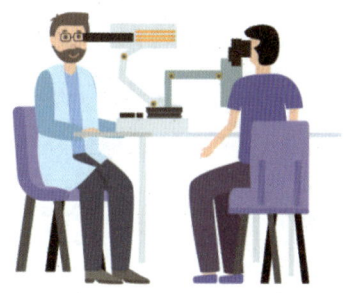

2. 可迁移技能

可迁移技能也称通用技能，是指个人能完成的一些事，在工作和生活、学习等各方面都能得到全面发展，这是用人单位最重视的一个部分。

3. 自我管理技能

自我管理技能是指个人具备的品质与特征，也是一个人所有资产中最具有价值的，它有助于个人更好地适应环境，对个人职业生涯发展有着重要影响。

新时代的中职生,要树立终身学习的理念,养成善于学习、勤于思考的习惯,实现学以养德、学以增智、学以致用的目的,主动适应新一轮科技革命和产业变革的需要,密切关注行业、产业前沿知识和技术进展,勤学苦练,深入钻研,不断提高自身职业技能水平。

拓展阅读

终身教育与终身学习

活到老,学到老。终身学习是指社会每个成员为适应现代社会变革、实现个体发展的需要,贯穿一生的、持续的学习过程。在当今社会,若说到何种教育理论或何种教育思潮最令世界震动,则无疑数"终身教育"了。

"终身教育"这一术语最初出自1965年联合国教科文组织主持召开的成人教育促进国际会议,由时任联合国教科文组织成人教育局局长的法国人保罗·朗格朗(Paul Lengrand)正式提出。

终身教育所意味的,并不是指一个具体的实体,而是泛指某种思想或原则,或者说是指某种一系列的关系与研究方法。概括而言,即指人的一生的教育与个人及社会生活全体的教育的总和。

——保罗·朗格朗

"终身教育"理念提出后短短数年便在世界范围内得到广泛传播。目前,大家普遍认为终身教育是人们在一生中所受到的各种培养的总和。它开始于人的生命之初,终止于人的生命之末,包括人发展的各个阶段及各个方面的教育活动。既包括纵向的一个人从婴儿到老年期各个不同发展阶段所受到的各级各类教育,也包括横向地从学校、家庭、社会各个不同领域受到的教育。终身教育的最终目的在于维持和改善个人社会生活的质量。

与终身教育概念直接关联的概念是"终身学习"。20世纪末,国际21世纪教育委员会在向联合国教科文组织提交的报告中曾经指出:"终身学习是21世纪人的通行证。"终身学习的目标是"学会求知,学会做事,学会共处,学会做人"。这是21世纪教育的四大支柱,也是每个人一生成长的支柱。

 知识链接

职业技能等级(岗位)要求

序号	级别名称	基本要求	实施机构
1	学徒工	能够基本完成本职业某一方面的主要工作	用人单位
2	初级工	能够运用基本技能独立完成本职业的常规工作	用人单位和社评组织
3	中级工	能够熟练运用基本技能独立完成本职业的常规工作;在特定情况下,能够运用专门技能完成技术较为复杂的工作;能够与他人合作	用人单位和社评组织
4	高级工	能够熟练运用基本技能和专门技能完成本职业较为复杂的工作,包括完成部分非常规性的工作;能够独立处理工作中出现的问题;能够指导和培训初、中级工	用人单位和社评组织
5	技师	能够熟练运用专门技能和特殊技能完成本职业复杂的、非常规性的工作;掌握本职业的关键技术技能,能够独立处理和解决技术或工艺难题;在技术技能方面有创新;能够指导和培训初、中、高级工;具有一定的技术管理能力	用人单位和社评组织
6	高级技师	能够熟练运用专门技能和特殊技能在本职业的各个领域完成复杂的、非常规性的工作;熟练掌握本职业的关键技术技能,能够独立处理和解决高难度的技术问题或工艺难题;在技术攻关和工艺革新方面有创新;能够组织开展技术改造、技术革新活动;能够组织开展系统的专业技术培训;具有技术管理能力	用人单位和社评组织

续表

序号	级别名称	基本要求	实施机构
7	特级技师	在生产科研一线从事技术技能工作、业绩贡献突出的"企业高技能领军人才"。能够熟练运用专门技能和特殊技能在本职业的各个领域完成复杂的、非常规性的工作；精通本职业及相关职业的重要理论原理及关键技术技能，能够独立处理和解决高难度的技术问题或工艺难题；承担传授技艺的任务，在技能人才梯队培养上做出突出贡献	省级及以上人力资源和社会保障部门指导用人单位实施
8	首席技师	在技术技能领域做出重大贡献，或在本地区、本行业企业具有公认的高超技能、精湛技艺的"地方或行业企业高技能领军人才"。为地方、行业企业高技能人才队伍建设做出突出贡献；为国家重大技术攻关、成果转化、技术创新、发明等做出突出贡献，在地方、行业企业的技术进步与发展中发挥关键作用，专业水平在地方、行业企业中具有很高的认可度和影响力	省级及以上人力资源和社会保障部门、国务院有关行业主管部门指导用人单位实施

注：1. 行业企业可结合实际对上述要求进行修订完善。

2. 上述职业技能等级证书样式和编码按照有关规定确定。证书编码第16位为大写英文字母或阿拉伯数字，其中"X"表示"学徒工"，"T"表示"特级技师"，"S"表示"首席技师"，"5、4、3、2、1"分别表示"初级工、中级工、高级工、技师、高级技师"。

 **探究与思考**

结合本课所学，你认为未来工作中你需要具备哪些职业技能？

第四课
社会技能

* 你是否烦恼不知道怎么表达观点，不知道如何与他人交流，不知道怎样协同合作，不知道如何将理论付诸实践。要解决这些问题，离不开对个人社会技能的培养。
* 本课通过探究学校义务劳动、社会志愿服务等相关内容，引导学生正确认知世界、理解社会，训练学生形成尊重他人、帮助他人、服务社会的意识，发展学生的社会技能。

　　社会技能涵盖个体对社会环境的适应能力、与他人交往和协调的能力、调控和改变社会成员之间关系的能力，以及有效从事各种社会活动的能力等。社会技能是人际交往的重要方面，在特定的情境中实现与他人的积极交往，可以达到自己或他人的互动交往的目标，提高他人对个体的社会能力评价。参与校园义务劳动和社会志愿服务是学生发展社会技能的有效途径。

一、校园义务劳动

校园义务劳动是指学生参加学校组织的不计定额、无须报酬、自主自愿的服务性劳动实践。

校园义务劳动的形式多种多样，包括清洁校园、美化校园、拔除杂草、修剪枝叶等校园环境卫生的维护等。随着时代的发展，还出现了信息技术服务等义务劳动，如学生发挥专业特长，协助老师修理、维护学校教学电脑设备等。

参加校园义务劳动，触摸生活，有助于提高学生的劳动者素质，培养青年学生的劳动精神，激发其内在生命力。当学生出力流汗、服务同学、服务社会时，可以切实感受到义务劳动所带来的成长及所创造的丰富价值。例如，学生参与校区卫生清洁、校园美化，在付出劳动的同时，也收获了内心的满足；参与春天的植树造林，不时浇灌和培土，在幼苗茁壮成长的同时，学生的责任感也得到增强。

青年学生与国家同呼吸、共命运。时代在进步，校园义务劳动也在与时俱进地发展，其发展相承相续，与当下的社会志愿服务的制度化相对应。20世纪80年代，社区志愿者出现；20世纪90年代，中国青年志愿者出现，义务劳动与志愿服务便开始了新的融合。随着全球化的发展，现代志愿服务承续义务劳动精神，正式在中国规模化、系统化地出现。我国学习、借鉴国外的志愿服务经验，开始使用"志愿者"这个概念，并逐渐发展了中国的志愿服务内涵。

二、社会志愿服务

社会志愿服务是指个人在不求回报的情况下，为改善社会面貌、促进社会进步而自愿付出个人的时间及精力所做出的服务工作，具有志愿性、无偿性、公益性、组织性的特征，以学习雷锋、奉献他人、提升自己为服务理念。

社会志愿服务一般是以个体志愿者或者公益性组织的方式美化环境、帮困助弱、维护社会安全、传播知识、助力文化娱乐等。

学生在践行社会志愿服务时，能够展现实践能力，感受劳动精神；在大灾大难面前能够涵养公共服务意识和奉献精神；通过到社区、福利院及其他社会场所进行志愿服务，能够得到知识的更新、技能的提升和美德修养的提高。

"赠人玫瑰，手有余香"，学生参与社会志愿服务，能修德明辨。劳动教育是苏霍姆林斯基（Sukhomlinsky）教育思想的重要组成部分，"离开劳动不可能有真正的教育"，志愿服务是社会实践，是劳动教育的重要载体之一，在志愿服务过程中，个体素质得到全面锻炼与提升。诚信利人，创造幸福。社会志愿服务是能给人们带来幸福感的劳动。"幸福是奋斗出来的"，在现实世界中，不同的幸福观对应不同的幸福追求。学生要能把握自己的优势，诚实劳动，以自己的技能专长造福社会，获得他人尊重。从事社会志愿服务，可以实现个体幸福与社会幸福的和谐统一。

> 拓展阅读

参与志愿服务

1. 网上注册

2017年,全国志愿服务信息系统(以下简称信息系统)已通过民政部验收,正式上线,为实现志愿服务数据信息的互联互通、共享使用提供了便捷平台。通过信息系统,社会公众可以便捷地注册成为志愿者参与志愿服务;志愿者可以参与自己感兴趣的志愿团体和项目,记录、转移、接续自己的志愿服务时间;志愿服务组织可以按照规范的流程发布项目、招募管理志愿者、开展服务,实现供需的有效对接;党政管理部门可以全面了解志愿服务情况、开展数据决策分析。

2. 激励和表彰

星级认证制度由省级团委、志愿者协会组织实施。注册机构负责具体认证工作,根据志愿者注册后参加志愿服务的时间累计,认定其为一星至五星志愿者。星级志愿者得到认定后,可由相关注册机构在其注册证上进行标注,并佩戴相应标志。

(1)一星志愿者:参加志愿服务时间累计达到100小时。

(2)二星志愿者:参加志愿服务时间累计达到300小时。

(3)三星志愿者:参加志愿服务时间累计达到600小时。

(4)四星志愿者:参加志愿服务时间累计达到1 000小时。

(5)五星志愿者:参加志愿服务时间累计达到1 500小时。

同时,共青团中央、中国青年志愿者协会定期组织开展中国青年志愿者优秀个人奖、组织奖、项目奖评选表彰活动。

知识链接

志愿者誓词

我愿意成为一名光荣的志愿者。我承诺:尽己所能,不计报酬,帮助他人,服务社会,践行志愿精神,传播先进文化,为社会进步贡献力量!

中国青年志愿者标志

中国青年志愿者标志,又名"心手标",是经共青团中央批准的中国青年志愿者和青年志愿者组织的象征和标志,整体构图为心的造型,同时也是英文"青年"中的第一个字母Y;图案中央既是手,也是鸽子的造型。

1994年2月24日,共青团中央向全社会发布中国青年志愿者标志。2020年4月23日,共青团中央、中国青年志愿者协会发布《中国青年志愿者标志基本规范》。

中国青年志愿者标志寓意青年志愿者向需要帮助的人们奉献一份爱心,伸出友爱之手,立足新时代,展现新作为,弘扬奉献、友爱、互助、进步的志愿精神,以实际行动书写"新时代的雷锋"故事。

探究与思考

有人认为,做志愿服务很简单,只要准点上岗、态度好就可以了。你认同这种观点吗?为什么?

实践活动

绿色校园，从我做起

21世纪以来，全球气候变暖、生存环境日益恶化，严重威胁着人类的健康与生存。遏制气候变暖，发展绿色低碳经济，是全人类共同的使命。为了你、为了我、为了他，也为了我们赖以生存的地球大家庭，更为了明天的美好生活，我们理应率先身体力行，倡导绿色低碳生活，共建绿色校园。

请围绕"低碳生活"制订一个"绿色校园，从我做起"的个人计划，并在生活中加以执行。

过程记录

计划要点：

计划思路：

计划可行性评估：

计划实施要点：

结果评价

教师可参考评价标准，对学生制订的个人计划进行评价，总分值100分，具体分值分配见表2-2。

表2-2 "绿色校园，从我做起"个人计划评价表

评价标准	分值	分数小计	教师评价
计划完整，切实可行	30		
计划有层次，目标有阶梯	20		
计划有反馈提升机制	20		
计划可评测	20		
计划有奖励机制	10		

第三单元

精神推动发展

"希望广大劳动群众大力弘扬劳模精神、劳动精神、工匠精神，诚实劳动、勤勉工作，锐意创新、敢为人先，依靠劳动创造扎实推进中国式现代化，在强国建设、民族复兴的新征程上充分发挥主力军作用。"

——在2023年五一国际劳动节到来之际，以习近平为代表的党中央，向全国广大劳动群众致以节日的祝贺和诚挚的慰问

第一课
劳动精神

* "劳动最光荣、劳动最崇高、劳动最伟大、劳动最美丽。"
* 劳动精神是所有劳动者的共性,是一名合格的劳动者应该具备的精神,是培育劳模精神和工匠精神的深厚土壤。
* 要大力弘扬劳动精神,建设知识型、技能型、创新型劳动者大军,使其在全面建设社会主义现代化国家进程中建功立业。

劳动创造幸福,实干成就伟业。崇尚劳动、热爱劳动、辛勤劳动、诚实劳动的劳动精神,集中反映了亿万劳动者的历史主动意识,彰显着推动人类社会发展进步的根本力量,是激励和鼓舞全党全国各族人民实现第二个百年奋斗目标、以中国式现代化全面推进中华民族伟大复兴的强大精神动力。深入挖掘中华优秀传统文化中蕴含的劳动基因,全面把握劳动精神的时代内涵,在全社会大力弘扬劳动精神,具有极其重要的理论意义与实践价值。

劳动精神是一种积极向上的精神状态，是人们在工作中所表现出来的一种勤奋、刻苦、敬业、奉献的精神。劳动精神是人类文明发展的重要基石，是推动社会进步的重要力量。劳动精神具有以下三种价值意蕴。

一、劳动精神具有劳动者实现自身发展的价值意蕴

劳动是一切成功的必经之路。对于劳动者来说，劳动是实现美好生活愿望、展现自身价值、创造生命辉煌的重要途径。劳动是幸福的源泉，是劳动者创造人生价值、展示人生意义的手段。新时代，党和国家事业空间很大，只要有志气有闯劲，普通劳动者也可以在宽广舞台上施展才华，实现人生价值；只要肯学肯干肯钻研，练就一身真本领，掌握一手好技术，就能立足岗位成长成才，在劳动中体现价值、展现风采、感受快乐。三百六十行，行行出状元。一切劳动者，要想在波澜壮阔的改革发展中勇立潮头，在不进则退、不强则弱的竞争中赢得优势，在报效祖国、服务人民的人生中有所作为，就要孜孜不倦地学习、勤勉奋发，干一行、爱一行、钻一行，踏实劳动、勤勉劳动，才能在平凡岗位上干出不平凡的业绩，实现体面劳动、全面发展。

二、劳动精神具有营造良好社会风尚的价值意蕴

劳动是推动人类社会进步的根本力量，营造劳动光荣的社会风尚，其核心就是让全体人民崇尚劳动、热爱劳动、辛勤劳动、诚实劳动。劳动是财富的源泉，人世间的美好梦想，只有通过诚实劳动才能实现。因此，要通过弘扬劳动精神，让人们认识到，劳动是解决发展中各种难题的"金钥匙"，生命里的一切辉煌，只有通过诚实劳动才能创造。要在全社会形成尊重和鼓励一切劳动、尊重和鼓励一切创造的良好氛围，让尊重劳动、尊重知识、尊重人才、尊重创造的理念在全社会深深扎根，培育形成劳动最光荣、劳动最崇高、劳动最伟大、劳动最美丽的社会风尚，使人们以辛勤劳动为荣、以好逸恶劳为耻，爱岗敬业、争创一流，以不懈奋斗书写新时代华章，共同创造幸福生活和美好未来。

三、劳动精神具有推进现代化国家建设的价值意蕴

实现民族独立、人民解放、国家富强和人民幸福是我们党团结带领工人阶级以及广大劳动群众艰苦奋斗和顽强拼搏的结果。党中央提出到 2035 年基本实现社会主义现代化远景目标，这是党在新时代的历史使命。实现这一目标，根本上靠劳动、靠劳动者创造，关键是要崇尚劳动、尊重劳动者。要让工人阶级以及广大劳动群众把自身前途命运同国家和民族的前途命运紧紧联系在一起，把个人梦同中国梦紧密联系在一起，把实现党和国家确立的发展目标变成自己的自觉行动，在全面建设社会主义现代化国家过程中大力践行劳动精神，推动全社会热爱劳动、投身劳动、爱岗敬业，鼓励各类劳动者立足岗位、各尽其能、各得其所，矢志不渝跟党走，当好主人翁，建功新时代，不断谱写新时代的劳动者之歌。

拓展阅读

我们都是劳动者

无数劳动者都在从清晨到黄昏，再从黄昏到清晨为社会发展默默奉献着。有人曾经做过这样一项调查，记录了下列12种岗位上劳动者奋斗的身影。

 劳动者类型	 工作时间	 独特贡献	 劳动格言
菜贩	凌晨 2:00	每天为人们提供最新鲜的蔬菜	 我喜欢蔬菜那清新的味道
环卫工人	凌晨 5:00	让城市变得干净整洁，环境优美	 我想用扫把清洁美丽的星球
电台主持	早上 7:30	为人们提供多方面的消息	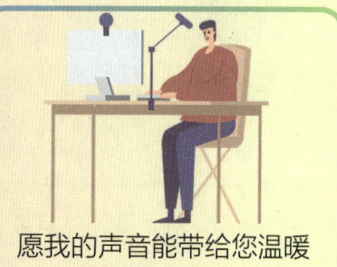 愿我的声音能带给您温暖
大学教授	早上 8:00	为国家培养人才，创造科研成果	 社会因我而多一批栋梁

职业	时间	工作内容	
程序员	上午 9:00	为用户编写代码、写程序，维护软件运行	 我让互联网富有生命与活力
服装店销售员	上午 10:00	为顾客推荐其所需的衣服	 我为这些漂亮的衣服找到最适合它的主人
按摩师	中午 12:00	用按摩减轻人们的疲劳	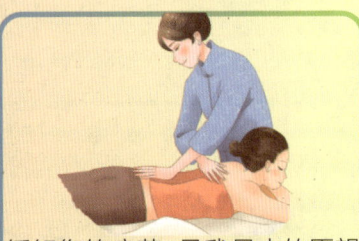 缓解您的疲劳，是我最大的愿望
烧烤师傅	下午 3:00	为人们提供美食服务	 我烤的不是肉，而是有滋有味的人生
高铁司机	下午 4:00	为人们的出行提供高速交通服务	 列车与铁轨之吻是世上最美的声音

| 交警 | 下午 6:30 | 为人们维持良好的交通秩序 |

我的指挥让车流变得有序而又有节奏

| 夜班护士 | 晚上 10:00 | 呵护病人的身体健康 |

虽然熬夜已成习惯,但我依然希望有美丽的人生

| 夜班的哥 | 午夜 12:00 | 为人们提供交通出行的便利 |

在黑夜中与您共享归途

探究与思考

随着"互联网+"及人工智能的发展,人们可以从很多"日常劳动"中解放出来。动动手指,外卖小哥很快就会送餐来;发布语音指令,机器人立即就可以帮我们擦地。有人说,随着产业结构变化、社会分工细化,劳动的内涵和外延有了明显变化,劳动离我们已经越来越远了。对于这种说法,你怎么看?

知识链接

古诗中的劳动精神

翻开我国古代诗歌作品，我们会发现，历代文人墨客写下了许多关于古人辛勤劳动的诗篇，歌颂了劳动精神，展现了劳动之乐的美好情怀。

《诗经》是我国最早的一部诗歌总集，里面就有大量描绘劳动生产的农事诗。著名的《伐檀》一开头就讲"坎坎伐檀兮，置之河之干兮"，这是一首描写伐木工人劳作的民歌。《芣苢》诗曰："采采芣苢，薄言采之。采采芣苢，薄言有之。采采芣苢，薄言掇之。采采芣苢，薄言捋之。采采芣苢，薄言袺之。采采芣苢，薄言襭之。"这首诗则是农妇们采摘车前草时所唱的歌谣，既生动又欢快，热情歌颂了劳动人民辛勤劳动的高贵品质。

"锄禾日当午，汗滴禾下土。谁知盘中餐，粒粒皆辛苦。"唐代诗人李绅的《悯农》妇孺皆知，寥寥数句，就把劳动者的辛勤和劳苦写到了极致。

晋代陶渊明不为五斗米折腰，甘愿归田务农，他把农活写进诗里，充满诗情画意。譬如《归园田居·其三》："种豆南山下，草盛豆苗稀。晨兴理荒秽，带月荷锄归。道狭草木长，夕露沾我衣。衣沾不足惜，但使愿无违。"全诗平淡自然，清新质朴，言简意丰，真挚感人，抒写了自己对田园生活的热爱，以及享受田园劳作之乐的惬意、闲适心情。

唐代白居易在《观刈麦》里把劳动的艰辛描绘得细致入微，生动感人。"田家少闲月，五月人倍忙。夜来南风起，小麦覆陇黄。妇姑荷箪食，童稚携壶浆，相随饷田去，丁壮在南冈。足蒸暑土气，背灼炎天光，力尽不知热，但惜夏日长。"读着这样的诗句，我们不禁为诗人对农家的同情与怜惜所感动。

"富贵本无根，尽从勤里得。"人世间的一切幸福都需要靠辛勤劳动来获得。热爱劳动、尊重劳动永远是中华民族的传统美德。

第二课
工匠精神

* "只要拥有一种纯粹为了把事情做到极致而忘我工作的欲望,我们每个人都会成为匠人。"

——理查德·桑内特

工匠精神

* 真正的工匠精神,既不会在无聊反复的工作程序中自然天成,也非仅具天才之人才能攀此高峰,唯有"干一行爱一行"的职业追求,方体现工匠精神。你认为怎样才是具有工匠精神呢?

在我国几千年的文明史中,工匠精神源远流长,"巧夺天工""匠心独运""技近乎道"等典故都是对这种精神的高度概括。中华人民共和国成立以来,大庆精神、"两弹一星"精神、载人航天精神……新中国工人阶级不断为工匠精神注入新的内涵,也正是在工匠精神的激励下,中国路、中国桥、中国港口、中国核电等,成为一张张让国人引以为傲的"中国名片"。

53

工匠精神属于职业精神的范畴,是从业者的一种职业价值取向和行为表现。它的核心是对品质的追求,它的目标是打造本行业的精品,它的内涵包括全身心投入的敬业精神、追求卓越的精益精神、持之以恒的专注精神、追求突破的创新精神。

工匠精神作为一种优秀的职业道德文化,它的传承和发展契合了时代发展的需要,具有重要的时代价值与广泛的社会意义。

一、工匠精神是社会文明进步的重要尺度

物质文明与精神文明是推动社会文明进步的"两个轮子",是实现中华民族伟大复兴中国梦的"一双翅膀",二者缺一不可。工匠精神的发育程度,同一个社会的物质文明、精神文明的进步程度都直接关联。从精神文明来看,工匠精神作为一种职业精神,在本质上是同社会主义核心价值观特别是同其中的"敬业""诚信"要求高度契合的。从物质文明来看,工匠精神在物质文明的创造过程中可以发挥强大的精神动力及智力支持作用。

二、工匠精神是中国制造前行的精神源泉

在许多业内人士看来,我国制造业大而不强,产品质量整体不高,背后的重要根源之一就是缺乏具备工匠精神的高技能人才。为实现中国从全球制造大国到制造强国的跨越,2015年5月8日,国务院正式印发《中国制造2025》,提出了中国政府实施制造强国战略第一个十年的行动纲领。中国要迎头赶上世界制造强国,成功实现中国制造2025战略目标,就必须在全社会大力弘扬以"工匠精神"为核心的职业精神。只有当敬业、精益、专注、创新的工匠精神融

入生产、设计、经营的每一个环节,实现由"重量"到"重质"的突围,中国制造才能赢得未来。

三、工匠精神是企业竞争发展的品牌资本

塑造良好的品牌形象,有效开发、经营品牌资本,是企业参与市场竞争、占领市场制高点的重要手段。而工匠精神在企业品牌形象塑造和品牌资本创造过程中具有十分重要的作用。工匠精神是企业品牌内涵的重要体现,也是企业品牌知名度、美誉度以及顾客忠诚度培育的有效途径,更是企业品牌资本价值增值的重要来源。中华老字号全聚德烤鸭能够驰名世界,也是得益于其"食不厌精、脍不厌细"的"工匠精神"。

四、工匠精神是员工个人成长的道德指引

尊重员工的价值、启迪员工的智慧、实现员工的发展,不仅是员工个人成长的强烈需求,同时也是现代企业的责任和使命。工匠精神作为一种职业精神,是企业员工提升个人精神追求、完善个人职业素养、实现个人成长进步的重要道德指引。事实上,企业员工所具有的高尚职业操守和强烈"工匠精神",同拥有较高专业知识技能一样,是其立足职场的重要条件和在未来职业生涯中脱颖而出的制胜法宝。

 拓展阅读

让中国制造业在世界上更有话语权

薄、软、脆的材料，是世界公认的机械加工难题。这一次秦世俊要在厚度只有0.01毫米的铝箔纸上，用普通的数控铣床加工出文字，稍有偏差，铝箔纸便会被穿透，甚至破裂。一个外人看似简单的操作，背后却是秦世俊20年技术锻造的支撑，所以对于这次成功，秦世俊并不感到意外。

2001年，秦世俊怀揣梦想，进入航空工业哈尔滨飞机工业集团有限责任公司（以下简称航空工业哈飞），仅用四年便成为公司最年轻的数控铣工高级技师。

秦世俊说："我就在数控这块从零开始学起，当时我就感觉很多师哥师姐都不认可我，因为我是技校毕业生，首先在文凭上就不够。"

想要得到认可就必须做出成绩，只有做出成品才能打破质疑。每天生产计划完成后，机床便成为秦世俊的试验场。方寸之间，秦世俊进行着千百次重复。

一次任务让所有人对他刮目相看。某机型零件关键件，起落架系统配合面表面精度要求高，需保证表面粗糙度在Ra0.4（表面粗糙度）以上。多年来，该类精度面加工方式，基本采用镗削后再进行钳工研磨才能达到精度，费时费力且质量稳定性较差。

秦世俊说："如果有波峰波谷，在飞机上就会出现断裂的情况。"

秦世俊结合历史数据分析机床精度、加工参数、刀具，寻找最优工艺方案。一个月的时间，秦世俊经历了一千多次的失败。千锤百炼，方得始终，他实现了镗削加工精度面粗糙度达到Ra0.13（表面粗糙度）至Ra0.18（表面粗糙度）的镜面级，彻底解决了困扰行业多年的难题，创造了机械加工领域的奇迹，超越了理论极限值，实现了零件一次交检合格率百分之百，加工效率提高近三倍。

秦世俊说："我达到了这个极限，其实已经完完全全可以满足我目前的加工产品，但是我的方法，可以推广到更多的航空航天的一些高精产品上应用。"

20年来,秦世俊从一名普通岗位工人成长为我国航空领域旋翼、起落架、数控加工零件制造的知名专家型技能人才和航空工业首席技能专家。2014年,航空工业哈飞创建了以秦世俊领衔的高技能人才创新工作室。秦世俊将自己工作20年的经验和技艺倾囊相授,带领团队获得了一次又一次技术性突破。

秦世俊说:"希望可以培养出更多的年轻人,在航空装备上注入新鲜的血液,让我们的航空梦能早日实现,让中国制造业在世界上更有话语权。"

当一架架国产直升机刺破天际,那是航空工业哈飞人对天空的告白。

探究与思考

材料:

2020年两会上,全国人大代表、杭州技师学院特级教师杨金龙建议设立"全国工匠日"。他说:"设立'工匠日',倡导'工匠精神',可以推动树立起大家对职业的敬畏、对工作的执着、对产品的责任,带动中国制造业走向中高端,从'制造大国'变为'制造强国'。"

你如何看待杨金龙代表建议设立"中国工匠日"的提议?什么是工匠精神?结合本课所学以及你的经历或见闻,谈谈你对工匠精神的认识。

第三课
劳模精神

* 时代需要劳模，劳模引领时代。
* "幸福都是奋斗出来的"，美好的蓝图要靠劳动者用汗水绘就，华丽的篇章要靠奋斗者用双手书写。
* 新的时代和使命呼唤新的担当，作为中职生，我们也要争当"劳模"，让劳模精神在新时代熠熠生辉。

长期以来，各行各业涌现出一大批爱岗敬业、锐意创新、勇于担当、无私奉献的先进人物。2020年11月24日上午，全国劳动模范和先进工作者表彰大会在北京人民大会堂隆重举行。全国劳动模范和先进工作者每五年评选一次，代表着我国劳动者的最高荣誉。社会的进步离不开各行各业劳动者的辛勤付出和创新担当，当今的劳动内容趋向智慧劳动、创造劳动，要求劳动者不仅需要具备专业技术能力，同时还要具备综合素质。

劳模，即劳动模范，是指在社会主义建设事业中成绩卓著的劳动者，经职工民主评选，有关部门审核和政府审批后被授予的荣誉称号。劳模精神，是指"爱岗敬业、争创一流，艰苦奋斗、勇于创新，淡泊名利、甘于奉献"的劳动模范精神。劳模分布在各行各业，他们爱岗敬业、锐意创新、勇于担当、无私奉献，他们是工人阶级和广大劳动群众的优秀代表、时代楷模，是国家的功臣。

一、劳模精神凝聚建功新时代的磅礴伟力

2018年五一国际劳动节之际，习近平总书记给中国劳动关系学院劳模本科班学员回信中提出，希望"用你们的干劲、闯劲、钻劲鼓舞更多的人，激励广大劳动群众争做新时代的奋斗者"。劳动模范是"干出新时代"的排头兵，是践行"实干兴邦"的楷模。激励广大劳动群众争做新时代的奋斗者，就是要让实干担当在新时代蔚然成风，让改革创新在新时代焕发活力，让精益求精在新时代落地生根。只要我们持之以恒地弘扬劳模精神，充分调动起广大劳动人民的积极性、主动性和创造性，就一定能最大限度地聚合起人们饱满的奋斗热情，从而为建功新时代、实现中国梦凝聚起磅礴的中国力量。

二、劳模精神引领新时代产业工人队伍建设

中国在推进产业工人队伍建设、实施制造强国战略、全面提高产业工人素质方面做出重大决策部署。在抗击新冠疫情全民战役中，广大产业工人，尤其是大批劳动模范，积极参与到疫情防控的各条战线中，以艰苦卓绝的劳动创造了中国速度，谱写了一曲曲抗疫赞歌，充分体现了产业工人在非常时期的担当，彰显了中国特色社会主义制度的显著优势。在新时代，应充分发挥劳动模范和工匠人才的示范带动和价值引领作用，培养造就更多劳动模范、大国工匠，努力打造一支有理想守信念、懂技术会创新、敢担当讲奉献的宏大产业工人队伍，建设知识型、技能型、创新型劳动者大军。

三、劳模精神昭示新时代劳动教育的价值取向

习近平总书记在全国教育大会上强调,"要在学生中弘扬劳动精神,教育引导学生崇尚劳动、尊重劳动,懂得劳动最光荣、劳动最崇高、劳动最伟大、劳动最美丽的道理,长大后能够辛勤劳动、诚实劳动、创造性劳动"。这既是对广大学生涵养深厚劳动情怀的谆谆嘱托,更是对未来劳动者用奋斗成就梦想的殷切期待,昭示着新时代劳动教育的价值取向。劳动模范是每个时代劳动精神得以体现的典型,是引导广大学生培育践行社会主义核心价值观的宝贵财富和有效载体。因此应充分发挥劳动模范先进事迹和优秀品质的感召作用,让学生有机会近距离接触劳动模范、聆听劳模故事、感受劳模精神,在实践中体悟劳模精神,在磨炼意志和增长才干中感受劳动的乐趣和收获,从而培育辛勤劳动、诚实劳动、创造性劳动的精神气质。

探究与思考

材料:

王健林说:"勤能补拙,奋斗可以帮我们发现机遇和把握机遇。"

马明哲说:"成功没有捷径,勤奋是最朴素最实用的办法。"

李嘉诚每天工作十六七个小时,直到90岁才退休。

处于社会中坚阶层的企业家们从不缺少时尚光鲜的头衔,对他们来说,重要的不是获得"劳模"的荣誉,而是保持如同"劳模"般的信念和奋斗劲头。

这些企业家为什么愿意十年如一日地努力奋斗?他们的动力是什么?你体验过劳动、付出的快乐吗?你愿意为了什么而努力?

拓展阅读

"国之大匠"黄大年

黄大年教授有一种莫名的执着、"疯魔",给所有人留下了"科研疯子""拼命黄郎"的印象。然而正是这个"科研疯子""拼命黄郎",带领他的科研团队创造了多项"中国第一",为我国"巡天探地潜海"填补了多项技术空白,让中国"深部探测技术与实验研究"项目"弯道超车"——5年的成绩超过了过去50年。有人说,"钻研"就是黄大年"十年磨一剑"。黄大年教授把他一生的精力心无旁骛地投入了地球物理科学,以此来掌握过硬的知识,习得顶尖的技术,去为他的梦想奋斗。

从广西南宁的小山村,到长春地质学院(现吉林大学朝阳校区),从英国利兹大学获得地球物理学博士学位,到海外从事针对水下隐伏目标和深水油气的高精度探测技术研究工作,作为当时从事该行业高科技敏感技术研究的少数华人之一,黄大年海漂18年后,毅然放弃一切回到祖国,用行动诠释了自己对祖国的热爱。

2009年12月30日,回国后的第六天,黄大年就与吉林大学正式签下全职教授合同。在他的带领下,一大批"科研疯子"为使中国从大国变成强国而生,"拼命黄郎"更将三分之一的时间放到了出差的路上。

白天开会、洽谈、辅导学生,晚上别人休息,他加班出差,午夜时还在飞机上修改PPT。他将生命发挥到极限:"没有对手、没有朋友,只有国家利益。"学校领导几次催他抓紧申报院士,他却说:"先把事情做好,名头不重要。"

最后清醒时,他嘱咐自己的学生,"一定要出去,出去了一定要回来;一定要出息,出息了一定要报国"。他在昏迷时依旧抱着电脑不撒手,并告诉身边人:"我要是不行了,请把我的电脑交给国家,里面的东西很重要。"

2017年1月8日13时38分,疲惫的黄大年永远地闭上了双眼,但是"黄大年精神"会伴随着中国的强大,越来越让人震撼!

知识链接

劳模精神、劳动精神、工匠精神的辩证关系

劳模精神和劳动精神的关系是部分和整体的关系

从主体上看，劳模精神的主体是劳模群体，劳动精神的主体是所有劳动者，而劳模群体是广大劳动者群体中的佼佼者和杰出代表，也是广大劳动者学习的榜样和楷模。劳模的本意就是劳动者的模范。

劳模群体是劳动者群体中的一部分。从这个意义上讲，劳模精神也是劳动精神的一部分。劳动精神是做一名合格的劳动者应该有的精神，劳模精神则是成为劳模必须有的精神。做劳动者不合格，做劳模更不可能。没有劳动精神，也很难有劳模精神。所以，劳动精神应该成为所有劳动者都必须拥有的精神，劳模精神也是所有劳动者都应该学习的精神。二者是方向和基础的关系，劳模精神是方向，劳动精神是基础。

劳模精神和工匠精神的关系是外力和内力的关系

劳模精神是所有劳动者都应该学习的精神，是影响和引领每一位劳动者从平凡走向不平凡的外力。劳模精神从外部影响每一位劳动者学先进、做先进。工匠精神则是每一位劳动者都应该具有的精神，是激发和激励每一位劳动者不断自我挑战和自我超越的内力。工匠精神从内部唤醒每一位劳动者不断成为最好的自己。劳模精神是超越别人的精神，劳模本身就是因为超越了很多劳动者才脱颖而出的。工匠精神是超越自己的精神，世上最大的对手不是别人，而是自己。工匠精神是让劳动者成为自己的"模范"，劳模精神是让劳动者成为别人的"模范"。工匠精神点亮了自己的生命，劳模精神则照亮了别人的生命。

劳动精神和工匠精神的关系是共性和个性的关系

劳动精神是所有劳动者的共性，每一位劳动者都应该有劳动精神。工匠精神则揭示了不甘于平庸的劳动者的个性，是成就优秀劳动者的必要条件。个性不仅是产品和企业的核心竞争力，也是劳动者的核心竞争力。这里所说的劳动者的个性主要是指劳动者在自我超越过程中彰显出的个人优势及其精神状态，也就是工匠精神。换句话讲，没有工匠精神的劳动者很难有出色的成就和骄人的业绩。精益求精、追求极致是践行工匠精神的核心，也是成就杰出劳动者的根源。当然，通过工匠精神成就的劳动者不仅大大超越了过去的自己，也大大超越了别人，在企业、行业、全国乃至全世界都成为最优秀的劳动者，那么，他就会成为别人学习的榜样和楷模，最终就会成为劳模，劳模精神也随之产生。

马克思主义原理告诉我们，劳动创造了人本身。劳动精神是成为人的精神，工匠精神是成为更加优秀的人的精神，劳模精神则是成为影响别人的人的精神。成为人、成为更加优秀的人、成为影响别人的人，就是一种逐步递进的关系。党和国家现在大力呼吁弘扬劳动精神、工匠精神、劳模精神，目的就是让每一个人都热爱劳动，成为自食其力的劳动者，更要成为优秀的劳动者，甚至成为广大劳动者群体中的佼佼者和大家学习的榜样。

实践活动

演话剧，颂匠心

学习、弘扬、践行工匠精神，是对每个肩负中华民族伟大复兴任务的职业从业者的要求。中学生作为国家未来的高素质技能人才，更应为营造劳动光荣的社会风尚和精益求精的敬业精神而努力，为成为知识型、技能型、创新型劳动者大军中的一员而奋斗，自觉传承、践行工匠精神。

6~10人为一组，围绕大国工匠或自己喜欢的匠心故事排一场话剧，讲述匠人奋斗故事，感受匠心力量，传承工匠精神。

过程记录

选定人物：

故事脉络：

排演要点及完成情况：

心得体会：

结果评价

教师可参考评价标准，对小组的话剧表演进行评价，总分值100分，具体分值分配见表3-1。

表3-1 "演话剧，颂匠心"活动评价表

评价标准	分值	分数小计	教师评价
剧本主题符合要求，剧情编排合理	30		
小组成员配合默契，表情及眼神到位	20		
服装、道具使用恰当	20		
语言流畅，表演完整，反响热烈	30		

第四单元

品质孕育希望

　　劳动是认识和了解社会的窗口，是健康人格形成的沃土，是未来良好发展的催化剂。劳动教育是素质教育中必不可少的一环，培育劳动品质，对于个人、企业和社会的全面发展具有极其重要的意义。提高劳动品质，是个人、企业和社会共同关注的问题。

第一课
遵规守纪

* 如果不遵守劳动纪律,何谈责任与安全?劳动纪律是我们有序工作的前提,更是高效工作的基础。
* 一个好的员工应该:忙碌而不无序,创新而不出格,团结而不聚众,勇敢而不鲁莽,热情而不冲动,乐观而不盲目,但前提是必须严格遵规守纪。

劳动者遵规守纪主要是指在劳动过程中应该遵守劳动安全技术规程和劳动纪律。劳动者遵章守纪是安全生产工作的基础。只有每个劳动者都能严守规章制度,严守劳动纪律,杜绝违章,做到生产过程中"四不伤害"原则(我不伤害自己、我不伤害他人、我不被他人伤害、我保护他人不受伤害),才能杜绝"三违"行为(违章指挥、违规作业、违反劳动纪律),最大限度地减少和消除各类伤亡事故的发生,从而加强安全生产工作中的薄弱环节,切实解决企业安全生产工作中存在的各类问题,使"安全第一,预防为主"的方针真正落到实处。

一、劳动安全技术规程

　　劳动安全技术规程是指国家为了保护劳动者在劳动过程中的安全，防止伤亡事故发生所采取的各种安全技术保护措施的规章制度，包括工厂安全技术规程、矿山安全技术规程和建筑安装工程安全技术规程等。劳动过程的复杂性，决定了劳动设备、劳动条件也具有复杂性。由于各行各业的生产特点和工艺过程有所不同，需要解决的劳动安全技术问题也有所不同。因此，国家针对不同的劳动设备和条件以及不同行业的生产特点，规定了适合各行业的安全技术规程。

1. 劳动安全技术规程具有保护劳动者权益的作用

　　劳动安全技术规程的核心目标是保护劳动者的权益。劳动者是生产力的主体，他们的安全和健康是保障生产力稳定的基础。劳动安全技术规程通过规定工作场所的安全要求、危险品的处理方式以及防护设备的配备等方面的内容，确保劳动者在工作中的身体健康和生命安全得到保障。

2. 劳动安全技术规程具有维护社会稳定的作用

　　劳动安全技术规程的实施不仅关乎劳动者个人的权益，更关乎整个社会的稳定。劳动者的安全问题如果得不到妥善解决，将会给社会带来许多负面影响，如劳动纠纷的增多、社会治安的恶化等。通过严格执行劳动安全技术规程，我们可以避免潜在的劳动纠纷和社会不稳定因素的发生，进而维护社会的和谐稳定。

3. 劳动安全技术规程具有提高企业竞争力的作用

　　劳动安全技术规程的遵守不仅有助于保护劳动者权益和维护社会稳定，还能够提高企业的竞争力。在如今全球化竞争的时代，企业的社会责任和形象成为吸引人才和客户的重要因素。通过遵守劳动安全技术规程，企业能够展现对劳动者安全的关注，提升企业形象，进而增强企业的竞争力。

二、劳动纪律

　　劳动纪律是指人们在共同劳动过程中，为保证劳动过程的实现所必须遵守的行为准则。劳动纪律作为一项基本的工作规范，在每个企业、单位和组织中都有着不可忽视的重要性。具体来说，它可以帮助员工明确工作的目标和义务，确保他们始终保持高效、高质量的工作状态，并促进组织的稳定和可持续发展。

1. 劳动纪律可以帮助员工明确工作标准和义务

在日常工作中，员工需要遵守一系列规章制度，如上班时间、工作任务、安全操作等，这些都是公司为了员工和组织安全及正常运转而制定的基本规则，员工必须遵守，否则会受到相应的惩罚。此外，劳动纪律还包括员工的职业道德标准，如诚实守信、团结协作、爱岗敬业等。这些规定可以帮助员工明确职业行为不当的后果，保持良好的职业操守，避免给用人单位造成损害。

2. 劳动纪律可以帮助员工保持良好的工作状态

员工遵守工作规定不但能够保证有序地开展工作，实现单位的正常运转，还有利于提高工作效率和生产效益。如果员工只是凭个人习惯或偏好来工作，无视一些基本规定或者违反规章制度，显然会对组织的运作产生不利影响。而员工坚持劳动纪律，严格按照公司的安排处理事务，则可以更好地完成工作任务，提高工作质量。

3. 劳动纪律可以促进组织的稳定和可持续发展

在一个企业或机构中，不同的员工之间要相互协作、相互依存，劳动纪律可以作为一种纽带，促进员工之间的联合和协调。只有员工们共同遵守行业惯例，遵循规章制度，才能够发挥一种有序和被动的规范执行方式，这同时带来了更好的公司工作环境，使得公司内部管理井然有序，工作效率也能逐步提高。在坚持劳动纪律的基础上，公司将会受益于员工的高效、高质量工作所带来的积极效益，从而实现持续稳定的发展。

在劳动实践中知法学法，知行合一。中职生要学习和劳动相关的法律法规，企业的各种规章制度，与工作岗位相关的生产技术规程、操作规程、安全规程，做到心中有法。中职生在劳动实践中要守法用法，根据岗位职责及相关规定开展工作，保证生产秩序有条不紊、产品质量达标、劳动者的切身利益得到保障。克服我行我素的不良习惯，做到"一章不违，一勤不欠，一事不出，一心工作"。

拓展阅读

别等事故发生才后悔莫及

小华同学刚刚走上实习岗位，工作非常积极。

有一次，小华在没有断电的情况下，贸然进行设备的维修，恰巧被车间领导发现，受到了领导严厉的批评。

小华觉得自己只是想尽快完成工作，面对领导的批评，他表现出一副无所谓的样子。

领导说："你是不是觉得我不该批评你？但你有没有想过违章操作的后果？如果有人不小心打开了设备开关，你非死即伤！"

这话惊醒了小华，他当即就承认了错误。

最后领导语重心长地拍着小华的肩膀说："别等事故发生才后悔莫及啊！"

 **知识链接**

高处坠落事故十大风险点

据相关数据统计，建筑工地上50%的施工事故是因为"高处坠落"。赤裸裸的数据告诉我们高处坠落不可小瞧。

高处坠落事故十大风险点：

1. 洞口坠落；
2. 脚手架坠落；
3. 悬空高处作业坠落；
4. 踩破轻型屋面坠落；
5. 拆除工作中坠落；
6. 从屋面檐口坠落；
7. 梯子上作业坠落；
8. 天花板上检修坠落；
9. 龙门吊转料平台上坠落；
10. 临边坠落。

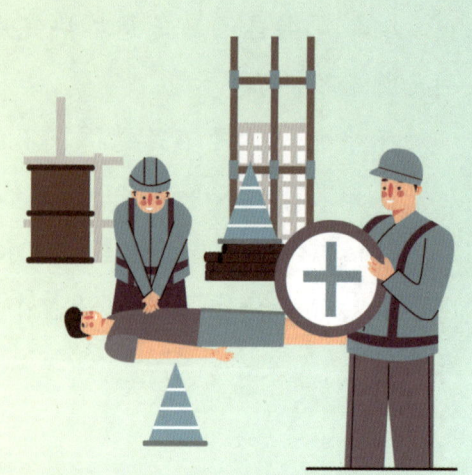

希望相关作业人员时刻留意这些风险点并加以防范，不要等事故发生后才后悔莫及！

 探究与思考

对企业而言，制定劳动纪律是为了维持良好的生产经营秩序，提高劳动者的工作效率，保证安全生产，优质高效地完成生产经营活动。但有的员工认为，某些劳动纪律限制了个人的行为自由。请同学们讨论，遵守劳动纪律是否意味着被限制了个人自由？为什么？

第二课
安全卫生

* 健康工作，人人有责，共建和谐工作环境。
* 安全第一，职业卫生是实现正常生产活动的保证，是企业的底线。
* 安全是关系社会安定和经济发展的大事。强化安全生产管理，能够有效保护职工的安全与健康。你认为在劳动时，保障安全和职业卫生有什么意义？

劳动安全

劳动安全卫生，又称劳动保护或者职业安全卫生，是指劳动者在生产和工作过程中应得到的生命安全和身体健康基本保障的制度。劳动安全卫生是劳动者实现宪法赋予的生命权、健康权的具体保障。劳动安全是指用人单位应保证劳动场所无危及劳动者生命安全的伤害事故发生。劳动卫生是指用人单位应保证劳动场所无危及劳动者身体健康的慢性职业危害发生。两者既是相互联系又是彼此独立的，共同组成劳动者劳动保护的屏障。

在我们的日常生活中，无论是工作还是生活，都需要时刻保持警惕，保护自己的安全。而劳动安全卫生意识就是我们在工作和生活中保护自己的第一道防线。

一、了解劳动安全卫生知识

我们要主动了解一些基本的劳动安全卫生知识，包括了解各种工作场所的安全隐患、常见的事故类型以及应对措施等。只有了解了这些知识，我们才能更好地预防事故的发生。

二、学习安全操作规程

在生活中乃至以后的工作中，我们都要遵守相关的安全操作规程。因为这些规程是经过专业人员制定的，旨在保护我们的安全。我们要认真学习并严格执行这些规程，以确保自己在工作中的安全。

三、使用个人防护装备

在生活和工作场所中我们都要正确使用个人防护装备，包括安全帽、防护眼镜、耳塞、手套等。它们能够有效地保护我们的身体免受伤害。我们要养成佩戴个人防护装备的习惯，不要因为一时的疏忽而造成不可挽回的损失。

四、注意工作环境

我们要时刻关注自己工作环境的安全状况。如果发现有安全隐患,要及时报告并采取措施进行整改。同时,我们要保持工作场所的整洁,注意杂物堆积和危险物品的存放,避免发生意外。

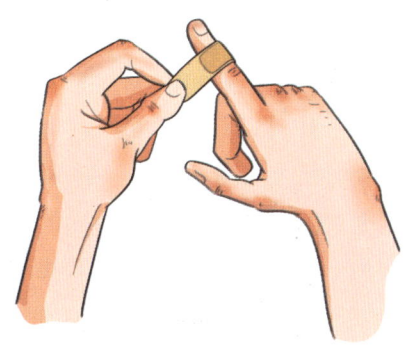

五、培养自我保护意识

除了遵守规章制度和正确使用个人防护装备外,我们还要培养自我保护意识。在工作中,要时刻保持警惕,注意观察周围的情况,避免发生意外。同时,我们还要学会正确的急救方法,以备不时之需。

劳动安全意识是我们保护自己的第一道防线,也是实现生命安全的重要保障。通过了解劳动安全卫生知识、学习安全操作规程、使用个人防护装备、注意工作环境和培养自我保护意识,才可以有效地预防事故的发生,保护自身的安全。

在现代社会,劳动安全意识的重要性越来越被人们重视。作为中职生,我们应该时刻保持警惕,不仅要关注自己的安全,也要关心他人的安全。只有每个人都具备良好的劳动安全意识,我们才能共同创造一个安全、和谐的工作环境。

 **拓展阅读**

工业安全常见事故

工业安全事故警示背心

工业安全事故安全绳

工业安全事故安全帽

工业安全事故触电警报

工业安全事故注意器械保护

工业安全事故烟雾警报

工业安全事故高温警报

工业安全事故高空坠落

工业安全事故高空坠物

工业安全事故注意行驶安全

工业安全事故注意火灾

工业安全事故注意清扫杂物

知识链接

中华人民共和国劳动法
第六章 劳动安全卫生

第五十二条

用人单位必须建立、健全劳动安全卫生制度，严格执行国家劳动安全卫生规程和标准，对劳动者进行劳动安全卫生教育，防止劳动过程中的事故，减少职业危害。

第五十三条

劳动安全卫生设施必须符合国家规定的标准。

新建、改建、扩建工程的劳动安全卫生设施必须与主体工程同时设计、同时施工、同时投入生产和使用。

第五十四条

用人单位必须为劳动者提供符合国家规定的劳动安全卫生条件和必要的劳动防护用品，对从事有职业危害作业的劳动者应当定期进行健康检查。

第五十五条

从事特种作业的劳动者必须经过专门培训并取得特种作业资格。

第五十六条

劳动者在劳动过程中必须严格遵守安全操作规程。

劳动者对用人单位管理人员违章指挥、强令冒险作业，有权拒绝执行；对危害生命安全和身体健康的行为，有权提出批评、检举和控告。

第五十七条

国家建立伤亡事故和职业病统计报告和处理制度。县级以上各级人民政府劳动行政部门、有关部门和用人单位应当依法对劳动者在劳动过程中发生的伤亡事故和劳动者的职业病状况，进行统计、报告和处理。

探究与思考

职业性疾病是影响劳动者健康、造成劳动者过早失去劳动能力的主要因素。目前，传统的职业危害尚未得到完全控制，新的职业危害不断产生，对劳动者的健康构成了新的威胁。请同学们讨论，未来将要从事的职业可能面临哪些职业危害，以及如何有效预防职业病。

第三课
诚实守信

* 一言既出，驷马难追，坚守诚信，将收获无尽可能。
* 诚实守信是为人之本，是中华民族的传统美德。
* 答应别人事情之前，一定要慎重、认真地想一想，自己能够做到再答应；一旦答应了的事，就要千方百计地去做好，这样你才能不失信于人，才值得别人信任。

诚实守信是每一位劳动者必须具备的优秀道德品质。诚实是指忠诚老实，言行一致，表里如一；守信是指说话、办事讲信用，答应别人的事，能认真履行诺言，说到做到，守信是诚实的一种表现。诚实守信是指在劳动过程中不说谎，不做假，不搞歪门邪道，不为不可告人的目的而欺瞒别人；讲信用，讲信誉，信守承诺，忠于自己承担的义务。诚实守信是人和人之间正常交往、社会生活稳定、经济秩序得以保证的重要力量。

一、诚信是一种美德

对个人来说，诚信是一种美德。内诚于心，外诚于人。诚实守信是中华民族的传统美德。诚实守信是一个人立足社会的基础，也是一个人应有的基本道德品质。中职生凭借诚信正直的品格，能够拥有更多晋升、发展的机会，从而在职场中获得成功。

二、诚信比金钱更重要

在社会生活之中，每个人都希望在工作中体现出自己的个人价值，为此，就需要得到别人的配合和信任。如果没有同别人的合作，一个人很难进行正常的生活、工作；如果没有别人的信任，就无法进行有效的合作，更谈不上取得卓越的成就。企业的员工在与他人相处中，如果缺乏诚信，就会有损自己的形象，在职业生涯道路上，也很难走得远。一个人要想获得别人的信任，前提是自己要诚实守信。

三、诚信是企业和事业单位的立业之本

诚信立业，企业才能行稳致远；诚实劳动，员工才能实现更好的发展。因此，构筑诚信和谐的劳动关系，需要用人单位和劳动者的"双向奔赴"——企业规范化建设，不断提升人性化管理水平；劳动者履行法定义务，恪守职业道德。同时，要推进行业、部门和地区信用建设，搭建涵盖诚信用工和诚信就业的诚信信息管理平台，建立诚信用工和诚信就业档案机制，为用人单位和劳动者双向选择提供参考依据。

四、诚信是国家的立国之本

人民是国家的主人，国家的一切权利属于人民。中国古代政治伦理强调"民为邦本，本固邦宁""民为贵，社稷次之，君为轻""得民心者得天下，失民

心者失天下",认为国家的领导者应当以诚心诚意的态度和方法去取信于民,进而实现人民安居乐业,国家太平清明。失去人民的信任便失去了权力合法性的依据。我国是社会主义国家,建设高度的民主政治是社会主义政治文明建设的重要任务。

 **拓展阅读**

古代诚信故事

宋朝人查道,一天早上和仆人挑着礼物去看望远方的亲戚。到了中午,两个人都饿了,但路上没有饭铺,仆人建议从送人的礼物中拿一些来吃。查道反驳道:"那怎么能行呢?这些礼物既然要送人,便是人家的东西了。我们要讲信用,怎么能偷吃呢?"结果两人只好饿着肚子继续赶路。

走着走着,路旁出现了一个枣园。枣树上挂满了熟透的枣子,十分招人喜爱。查道和仆人本来已经饿得发慌,看到此景更觉得饥饿难耐,便停了下来。查道叫仆人去树上摘些枣子来吃。

两人吃完枣,查道拿出一串钱,挂在采过枣子的树上。仆人奇怪地问:"这是什么意思?"查道说:"吃了人家的枣子,应该给钱。"仆人说:"枣园的主人不在,别人也没看见,何必这样认真呢?"查道严肃地说:"讲诚实是人应有的道德,虽然枣主人不在,也没有别人看见,但我们既然吃了人家的枣子,就应该给钱。"

 **探究与思考**

小兰是一家餐饮店的前台,一次顾客吃完饭开发票时要求小兰多开点,并许诺可以给她一些好处,但是小兰听后拒绝了,同事知道后都觉得她傻。你认为小兰的做法正确吗?为什么?

知识链接

弟子规《信》(节选)

凡出言，信为先，诈与妄，奚可焉。

> 开口说话，首先要讲究信用，遵守承诺。欺骗或花言巧语之类的伎俩，绝不能去做。

话说多，不如少，惟其是，勿佞巧。

> 话说得多不如说得少，应实实在在，不要讲些不合实际的花言巧语。

奸巧语，秽污词，市井气，切戒之。

> 刻薄的言语，下流肮脏的话，以及街头无赖粗俗的口气，都要切实戒除掉。

见未真，勿轻言，知未的，勿轻传。

> 还未了解真相之前，不轻易发表意见；对于事情了解得不够清楚，不任意传播。

事非宜，勿轻诺，苟轻诺，进退错。

> 不合义理的事，不要轻易答应；如果轻易答应，就会使自己进退两难。

凡道字，重且舒，勿急疾，勿模糊。

> 说话要口齿清晰，语速舒缓，不要说得太快，或者说得字句模糊不清。

彼说长，此说短，不关己，莫闲管。

> 遇到别人搬弄是非，要用智慧判断，不要介入，与己无关就不必多管。

见人善，即思齐，纵去远，以渐跻。

> 看见他人的优点善行，就立刻向他看齐，虽然目前还差得很远，只要肯努力就能渐渐赶上。

见人恶，即内省，有则改，无加警。

> 看见他人的缺点或不良行为，心里先反省自己。有则改之，如果没有就警醒不犯同样的过错。

唯德学，唯才艺，不如人，当自砺。

> 人应当重视自己的品德、学问和才能技艺的培养，如果感觉到有不如人的地方，应当自我激励、奋发图强。

若衣服，若饮食，不如人，勿生戚。

> 至于外表穿着，或者饮食不如他人，则不必放在心上，更没有必要忧虑自卑。

闻过怒，闻誉乐，损友来，益友却。

> 如果一个人听到别人说自己的过错就生气，听到别人称赞自己就欢喜，那么狐朋狗友就会来接近你，真正的良朋益友反而逐渐远离你。

闻誉恐，闻过欣，直谅士，渐相亲。

> 听见别人对自己的恭维话应该感到不安；听见别人对自己的指责，不但不生气，还能欢喜接受，那么正直诚信的人就会渐渐地和你接近。

无心非，名为错，有心非，名为恶。

> 无心之过称为错，若是明知故犯，有意犯错便是罪恶。

过能改，归于无，倘掩饰，增一辜。

> 知错能改，错误就弥补了。如果不但不认错，还要去掩饰，那就是错上加错了。

第四课
勤俭节约

* "一粥一饭，当思来处不易；半丝半缕，恒念物力维艰。"
——《朱子家训》

一点点衣服与粮食都来得很不容易，应当时常想到物力的艰难而加以珍惜。

* "历览前贤国与家，成由勤俭破由奢。"
——李商隐《咏史》

古代君主治理国家的教训，成功主要由于勤俭，奢侈则招致破败。

勤俭节约是中华民族的传统美德，是中华文明的智慧结晶和精华所在，它反映了人民勤劳朴实、崇尚实事求是的文化特征。而在现代社会，随着资源消耗的不断加剧和环保意识的日益提高，勤俭节约更应成为每个人的社会责任和个人习惯。因此勤俭节约是国家发展、社会进步的实际需要和精神需求，新时代劳动者勤俭节约的文化根基不会改变。青年学生作为国家建设者，应当有劳动者勤俭节约的意识，培养勤俭节约的品质和精神。

一、勤俭节约的重要性

1. 节约资源，保护环境

勤俭节约可以减少资源的浪费和消耗，对环境保护起到积极作用。随着经济的发展，环保问题越来越受到人们的关注，勤俭节约可以有效地减少碳排放，节约能源，保护环境，为地球贡献自己的一分力量。

2. 培养优良的生活习惯

勤俭节约不仅仅是行为和态度上的改变，也是生活方式的升华。通过长期的实践，我们能够逐渐养成良好的生活习惯。从小事做起，如随手关灯、节约用水、不浪费食物等，这些在无形之中都可以培养我们的优良习惯，让勤俭节约成为我们生活的一部分。

3. 提升经济效益

勤俭节约可以让我们理性使用资源，减少浪费，从而提高运营效率，降低成本，获得更多的财富。不仅如此，厉行勤俭节约也能提高我们的财商，帮助我们做好财务管理，更好地掌控自己的经济。

4. 传承和发扬中华民族的优良传统

勤俭节约是中华民族的传统美德，它代表了中华文化的一种风格和特点，凝聚了中华民族的多重智慧和品格。对于每个人来说，让勤俭节约成为自己生活中美好的一部分，不仅是对自己人格的提升，还是对中华民族优良传统的继承和发扬。

二、勤俭节约的实践方法

1. 摒弃浪费习惯，从小事做起

勤俭节约，首先要从自己身边的小事做起，如不乱扔垃圾、节约用水、节约用电等，虽然看起来是很小的事情，但通过更多的这种点滴积累，就能形成一种全面的勤俭节约意识和习惯。

2. 划分不同的消费用途及有计划的规划收支账单

要特别注意自己的收入及支出，合理安排支出的方式，避免出现不必要的浪费。比如可以将资金按每月开支的类型进行分类，做出合理的规划，从而及时进行调整和控制。

3. 绿色出行，提倡低碳生活

勤俭节约不仅包括在物资使用方面做好，还包括在生活方式上做出改变。绿色出行是最为实际有效的做法，如通过骑自行车、步行、乘坐公共交通工具等方式，能够节约燃料资源的消耗，减少车辆的二氧化碳排放，保护我们的环境。

4. 积极参与社会公益活动

勤俭节约不应仅是一种为自己考虑的行为，还应该考虑到他人和社会的需求，如通过积极参与志愿服务，关注和支持环保、扶贫等公益事业，用自己的力量和行动，为社会做出积极的贡献。

5. 精打细算，实现理性消费

勤俭节约并不是要削减消费，而是通过理性消费的方式，买到实用、合理的物品，减少不必要的浪费。可以通过预算、对比、选择性购买等方式，实现精打细算，让消费更具有价值，而不是盲目地满足个人的虚荣心。

6. 减少浪费食物的现象

一些地方的饮食文化惯性思维使然，导致出现了大量浪费粮食的现象，对资源造成极大的浪费，带来了严重的后果。因此我们要从自己做起，注重饮食的均衡和合理，选择适量的食物，不浪费食物。

三、勤俭节约的意义

勤俭节约在现代社会中，不仅仅是一种行为和态度，更是一种文化和精神，是社会进步的重要因素。在今天的社会大背景下，勤俭节约无论是对个人还是对整个社会，都有着不可替代的意义。

勤俭节约可以培育人的自我约束和自我管理能力，让人们学会从小处着手做好眼前事，一步一步将勤俭节约实践融入人生的各个方面。勤俭节约也是一种低碳生活方式，可以减少人们对自然资源的过度使用，减少碳排放，对环境进行有效保护，从而推动我国循环经济、绿色生态建设的发展。勤俭节约还可以激发我们的节约能力并增强节约意识，可以减轻个人和家庭的经济压力，从而缩小贫富差距。

拓展阅读

勤俭

很久以前,在中原的伏牛山下,住着一个叫吴成的农民,他一生勤俭持家,日子过得无忧无虑,十分美满。

相传他临终前,曾把一块写有"勤俭"两字的横匾交给两个儿子,告诫他们说:"你们要想一辈子不受饥挨饿,就一定要照这两个字去做。"后来,兄弟俩分家时,将匾一锯两半,老大分得了一个"勤"字,老二分得了一个"俭"字。

老大把"勤"字恭恭敬敬地高悬家中,每天日出而作,日落而息,年年五谷丰登。然而他的妻子过日子却大手大脚,孩子们常常将白白的馒头吃了两口就扔掉,久而久之,家里没有一点余粮。

老二自从分得半块匾后,也把"俭"字当作"神谕"供放中堂,却把"勤"字忘到九霄云外。他疏于农事,又不肯精耕细作,每年所收获的粮食因此不多。尽管一家几口节衣缩食、省吃俭用,但也是难以持久。

这一年遇上大旱,老大、老二家中都早已是空空如也。他俩情急之下扯下字匾,将"勤""俭"二字踩碎在地。这时候,突然有张纸条从窗外飞进屋内,兄弟俩连忙拾起一看,上面写道:"只勤不俭,好比端个没底的碗,总也盛不满!只俭不勤,坐吃山空,一定要受穷挨饿!"兄弟俩恍然大悟,"勤""俭"两字原来不能分家,它们相辅相成,缺一不可。吸取教训以后,他俩将"勤俭持家"四个字贴在自家门上,提醒自己,告诫妻室儿女,并身体力行,此后日子过得愈来愈好。

知识链接

世界勤俭日

每年10月31日是世界勤俭日。

世界勤俭日最早是在1924年举办的第一届国际储蓄银行大会上由一位意大利教授提出的。2006年，联合国人口基金会发布的世界人口现状报告显示，世界人口已经突破65亿，并且当年会达到65.6亿。仅就地球资源消耗来说，人类也必须做到勤俭节约，因而联合国确立10月31日为"世界勤俭日"。

该节日的确立旨在号召人们勤俭节约以共同应对日益严重的资源危机，进而促进社会的健康可持续发展。

世界勤俭日是一个值得我们重视和参与的节日，它不仅有利于我们个人的健康和幸福，也有利于我们国家的富强和繁荣，更有利于我们地球的和谐和美丽。我们要从身边做起，从小事做起，用实际行动践行节约理念，为建设一个更加美好的世界贡献自己的力量。

探究与思考

你知道哪些关于勤俭节约的故事？跟同学们分享一下吧！

第五课

吃苦耐劳

* 不经历风雨，怎能见彩虹？
* 没有人能随随便便成功，吃苦耐劳是青少年所应具备的基本的优良品质之一。
* 吃苦耐劳是一种价值观，是一种生活方式，也是一种成长方式。对于当代青少年来说，吃苦耐劳的意义和价值是非常重要的。这是一条通向成功的必经之路。

"吃得苦中苦，方为人上人。"

吃苦耐劳是劳动中不可或缺的一种品质，它代表着在面对困难和挑战时，能够坚定信念，勇往直前，不畏艰辛，敢于拼搏。在劳动中，我们时常会遇到各种困难和挑战，如高强度的工作、复杂的技术问题、恶劣的工作环境等，只有具备了吃苦耐劳的品质，才能在这些困难面前不屈不挠，迎难而上，不断地追求进步和提升自我。

吃苦耐劳是成功的秘诀。那些能吃苦耐劳的人，很少有不成功的。可以肯定地说，意志坚强、不怕困难、百折不挠、开拓进取是一个人优秀的品质，这种品质要经过艰苦锤炼才能形成，任何时候都不会过时。一个人要成就一番事业，有所建树，历经磨难、吃苦耐劳是必要的。不肯吃苦耐劳的人，难以保持良好的竞技状态，也适应不了激烈的竞争形势，容易被困难吓倒，被挫折击垮。吃苦耐劳品质的培养既是时代对青少年的要求，也是青少年实现自身全面发展的需求。

1. 树立正确的价值观

青少年要明确劳动的重要性和价值，认识到劳动是实现个人价值和社会发展的基础，并在此基础上付出努力、克服困难。

2. 培养积极的心态

积极的心态能够帮助我们面对困难和挑战，青少年要学会乐观、坚强地面对困难，相信自己的能力和潜力，相信努力付出一定有回报。

3. 锻炼意志力

在面对困难时，要下定决心，克服困难，不逃避、不放弃。同时，要有持之以恒的精神，不断锤炼自己的意志力，保持自己的劳动热情和创造力。

4. 学会自我管理

青少年要能够自我约束、自我控制，合理规划时间和精力，做到工作与休息的平衡。同时，要学会自我激励和自我提升，不断完善自己，超越自己。

5. 保持健康的生活方式

良好的身体状态是保持吃苦耐劳品质的基础。青少年要保持健康的生活方式，包括合理的饮食、适量的运动、充足的休息等。

> **拓展阅读**

火箭"心脏"焊接人——高凤林

突破极限精度，将"龙的轨迹"划入太空；破解20载难题，让中国繁星映亮苍穹！焊花闪耀，岁月寒暑，他为火箭铸"心"，为民族筑梦！他就是特级技师高凤林。

高凤林刚入行时就勤学苦练，航天制造要求零失误，这一切都需要扎实的基本功。火箭上一个焊点的宽度仅为0.16毫米，完成焊接允许的时间误差不超过0.1秒，管壁厚度仅为0.33毫米，要满足这样"严苛"的标准，要求焊工必须具有精湛的技术，一个小小的瑕疵就可能会导致一场灾难。因此，焊接不仅需要高超的技术，更需要细致严谨。

学技术，高凤林从不惜力。自进入211厂发动机焊接车间成为一名氩弧焊工起，高凤林就开始了刻苦的训练：吃饭时拿筷子练送丝，喝水时端着盛满水的缸子练稳定性，休息时举着铁块练耐力，时常冒着高温观察铁水的流动规律，并练就了"如果焊接需要，可以10分钟不眨眼"的绝活儿。汗水与时间，将高凤林打磨成名副其实的"金手天焊"。

高凤林说，在焊接时得紧盯着微小的焊缝，一眨眼就会有闪失。"如果这道工序需要十分钟不眨眼，那就十分钟不眨眼。"

20世纪90年代，在亚洲最大"长二捆"全箭振动塔的焊接操作中，高凤林长时间在表面温度高达几百摄氏度的焊件上操作。他的手上，至今可见当年留下的伤疤。

国家"七五"攻关项目、东北哈汽轮机厂大型机车换热器的生产中，为了突破一项熔焊难题，半年时间里高凤林天天趴在产品上，一趴就是几个小时，被同事戏称"跟产品结婚的人"。

在汗水的浇灌下，高凤林练就了出神入化的"神技天焊"。

 **知识链接**

骆驼精神

骆驼是偶蹄目骆驼科动物，只有单峰骆驼和双峰骆驼两个种群。骆驼的驼峰并不直接储存水分，里面存储的是脂肪组织。骆驼头较小，颈粗长，弯曲如鹅颈，躯体高大，体毛褐色。骆驼极能忍饥耐渴，每饮足一次水，可数日不喝水，在沙漠的酷暑、严寒等恶劣的自然环境中怡然生存，延续自己的种群。

骆驼被誉为"沙漠之舟"，可以在没有水的条件下生存2周，没有食物可生存1个月之久。驼峰里贮存着脂肪，在得不到食物时，脂肪会分解成身体所需养分，供骆驼生存需要。无论是干旱高温的沙漠，还是狂风肆虐的戈壁，骆驼都能适应。骆驼总是默默地抬起高大健壮的身躯，负荷着重物缓缓而稳重地远行，但是它从不患得患失，敢于冲出困境，挑战极限，一步步走向胜利，迎来希望。

骆驼总是慢悠悠地行走在沙漠中，因为在沙漠中奔跑，意味着更快地消耗体力，也就意味着"死亡"。所以骆驼必须是一步一个脚印，踏踏实实地往前走。此外，它的心中必须有坚定的信念，相信胜利在远方等着自己，这就如同我们在前进时，也要靠一步一个踏实的脚印来迈向成功一样，坚韧而执着地前行，拼搏着、努力着走向明天的自己。

 **探究与思考**

有人说：要发扬苦干、实干、巧干的"干"字精神。也有人说：过去物质生活贫乏，经济困难，生产工具落后，所以劳动者只能吃苦耐劳，但是现在进入新时代，中国经济高速发展，物质生活大为丰富，新技术、新工具层出不穷，今天的劳动形式要借助高科技，变过去的苦干为巧干，已经不需要吃苦耐劳了。你认为如今提倡劳动者具备吃苦耐劳的品质是否还有必要？你是如何理解苦干、实干和巧干的？

实践活动

我的能力，我发现

自我认知是指人们对自己的能力、价值和性格等方面的了解和理解。它是人类思维和行为的基础，对于一个人的自我成长和发展有着重要的意义。在职场中，自我认知也非常重要，它有助于我们确定职业目标、找到适合自己的工作、改进职业技能等。

通过本次活动，完成对自己专业能力和通用能力的评估，客观认识自己与未来岗位所需能力的差距，找到自我努力的方向。想想看："我会做哪些事情？"请用10个陈述句来描述自己的能力。只要是自己会做、能做的事情，请全部写出来，填写表4-1。例如："我能和别人相处得很好""我能操作计算机"等。

表4-1　我会做的事情

我会做哪些事情
我能
我能
我能
我能
我能
我能
我能
我能
我能
我能

第五单元

实践走向成功

实践是走向成功的关键步骤。社会实践是学校教育的一种延伸,是学生走出校门、接触社会、了解国情、学以致用的重要机会。通过实践,学生可以将理论知识转化为实际行动,不断探索、尝试、总结经验,从而不断进步,实现自己的目标。

第一课

假期实习

* "纸上得来终觉浅,绝知此事要躬行。"
  ——陆游《冬夜读书示子聿》
* 做中学,学中做,学练结合,熟能生巧。
* 实践出真知,实习助成长。你参加过什么样的假期实习?假期实习的经历对你有什么帮助?

作为一名学生,最终是要走出校园、走进社会的。参加假期实习就是引导学生从校园生活过渡到社会生活的一个有效途径。假期实习能够增强学生的社会责任意识,拓展学生的知识面,扩大学生与社会的接触面,增加学生在社会竞争中的经验,锻炼和提高学生的能力,使学生把平时所学的知识运用于实践中，以便学生在毕业后能够真正地步入社会，更快地适应社会形势的变化，并且能够在生活和工作中很好地处理各方面的问题，让假期充满意义。

一、假期实习指南

作为中职生，实习是一项必修课程。与平时在学校的实践培训不同，实习不仅是对自己所学专业技能知识的运用，通过实习还能了解到自己专业技能存在哪些不足，与实际工作有什么区别。因此，中职生要注意在实习之前做好最基本的规划与准备，以保证实习的顺利进行。

1. 获取实习信息

中职生可以从以下渠道获取实习信息。

（1）学校公示栏。学校附近的企业或者公司通常会把招聘信息以纸质文稿的形式贴在学校公示栏。希望在学校附近找实习单位的学生可在学校公示栏中获取实习信息，筛选出合适的实习单位。

（2）各地方人社局。各地的人社局每年都会有相应的政策支持学生假期实习。人社局提供的用人实习单位不仅类别丰富，而且十分正规。

（3）各大企业官网。一般来说，各大企业会在寒暑假期间，在其官网上发布实习招聘，有意向的学生可以多留意各大企业的官网，寻找适合自己的假期实习机会。

2. 选择实习岗位

中职生在选择实习岗位时应尽量选择与自己专业相匹配或者自己感兴趣的岗位，这样不仅可以学以致用，还可以挖掘自身蕴藏的潜力，为将来就业做好铺垫。在具体做选择时，中职生要摆正心态，客观分析自己的专业知识、沟通技能、思维能力及自身性格、兴趣等，分析实习机会是否能够提高自身能力和素质，进而选择适合自己的实习岗位。

3. 实习前准备事项

中职生在进行实习前需要对实习内容有充分的了解，并做好一些准备工作。

（1）准备好简历。简历是向实习单位展示自己的第一印象，因此需要认真准备。简历应该简洁明了，突出自己的学习经历、技能和成果。

（2）明确实习目的。在实习前需要明确自己的实习目的，是想提高自己的能力、积累经验还是为将来的工作做铺垫？明确实习目的可以帮助自己更好地制定实习计划和目标。

（3）了解实习单位。在实习前需要了解实习单位的相关情况，包括单位文化、业务范围、岗位设置等，以便更好地适应单位环境和工作要求。

（4）保持好心态。实习是一项学习任务，需要认真对待，保持谦虚、积极的态度。同时，也需要做好面对困难和挑战的准备。

（5）做好知识储备。根据实习单位的要求和岗位设置，需要提前了解相关知识，包括行业知识、技能要求、业务流程等，以便更好地适应实习工作。

（6）准备服装和用品。根据实习单位的着装要求和工作环境，需要提前准备好合适的服装和用品，包括办公用品、个人证件等。

（7）了解实习协议。在实习前需要认真了解实习协议的内容，包括实习期限、工作内容、工资待遇等，确保自己的权益得到保障。

二、假期实习实务

除了事前准备,实习当中的行为规范也是需要注意的,因为这直接涉及自己实习期间的表现、给实习单位留下的印象,会影响自己日后的发展。

(1)遵守实习单位的规章制度。实习期间需要遵守实习单位的规章制度,如上下班时间、请假制度等,尊重实习单位的安排和管理。

(2)认真学习、勤于实践。实习期间需要认真学习、勤于实践,努力提高自己的实践能力和职业素养。多向领导、同事请教,多参与工作实践,积累经验。

(3)建立良好的人际关系。在实习期间需要与同事、领导、客户等各方面的人打交道,需要建立良好的人际关系,学会与他人沟通、协作、配合。

(4)保护实习单位的商业机密。实习期间需要了解和遵守实习单位的商业机密保护规定,不要随意泄露实习单位的商业机密和技术秘密。

(5)注意安全。实习期间需要注意安全,如交通安全、生产安全等。遵守安全规定,避免发生安全事故。

(6)遵守职业道德。在实习期间需要遵守职业道德,如诚实守信、公正廉洁等。不要从事违法、不道德或有损形象的行为。

中职生在实习结束后,还需要认真撰写实习报告,总结自己的实习经历、心得体会、经验教训等,帮助自己更好地回顾和反思实习过程。中职生要感谢实习单位和同事、反思实习过程、评价实习效果、整理实习资料,也可以与实习单位的同事和领导保持联系,以便在今后的学习和工作中互相帮助和支持。同时,还可以关注实习单位的动态和招聘信息,为今后的职业发展做好准备。

拓展阅读

讲解员尤玮：因人施讲受欢迎

从一名普通的中职生迅速成长为"2007年上海十佳讲解员"、中共"二大"会址纪念馆宣教部主任，尤玮的成功离不开假期实习的经历。

进入职校的第一个寒假，尤玮就开始捧着自己的简历去虹口区图书馆寻求实习的机会。第一份实习的工作很简单：将原来手写的目录书卡输入电脑，没有限定的工作量，也不限时上交，"做多少""怎么做"完全取决于个人"自觉"。熟练掌握五笔输入法的她早到晚归，总希望能多为老师分担一些，多出一点力。寒假结束时，虹口图书馆的馆长在实习鉴定上认真地写下：欢迎今后的假期继续来参加志愿服务。

2001年鲁迅新馆改扩建完成，在虹口区图书馆老师的推荐下，尤玮到鲁迅纪念馆的图书馆参加志愿服务，一丝不苟地将手写的目录卡输入电脑。一次偶然的机会，她被调至宣教部门，担任双休日志愿讲解员。尤玮白天担任讲解员，晚上翻阅各种资料，自己写讲解词……渐渐地，尤玮开始喜欢上讲解员这一职务，并不断钻研，每讲解一次都会有新的收获和启发，每次讲解词各异。

2002年，鲁迅纪念馆需要招聘一位讲解员，前来应聘的学生都是一些名牌大学的学生，甚至还有多位研究生前来应聘。面试者需要现场讲解鲁迅纪念馆，并接受面试官的提问。此时，站在一旁做志愿者的尤玮胆怯地问道："可以给我一次面试机会吗？"现场的面试官说："可以啊，你试试吧！"尤玮声情并茂地讲解后，面试官决定，无须招聘本科生、研究生，破格招聘了这位中职学生。

 **知识链接**

如何成为一名优秀的实习生？

让领导做选择题，而非解答题

如果领导要求你策划一场宣传活动，你最好不要让领导做解答题，活动的具体细节等琐碎东西不要麻烦领导来确定。领导们都喜欢做选择题，你应提前做好活动的多个预案，向领导汇报各个预案的优缺点，让领导来选择执行哪一个。

不要找各种借口

刚开始实习时，不熟悉业务难免会出问题。但要注意，出现问题时不能找各种借口推脱责任。如果说完成不了工作是能力问题，那么找各种借口来推脱责任则是态度问题。这样会给人留下一个特别糟糕的印象。

多做事，少说话

中职生要时刻提醒自己来实习的主要目的是提升自我，明白公司招聘自己的目的是希望自己为公司做出一定贡献，做到在工作期间把精力放在做事上。

提高对工作的主动性

对于实习生，公司一般不会安排太多事情。在完成自己的工作后，要主动观察或开口询问周围的人是否需要帮助，这样才能在实习中真正有所学、有所悟、有所提高。

 **探究与思考**

作为一名新时代青年，你在选择假期实习的时候，比较看重的是什么？为什么？

第二课
假期兼职

* 领略假期兼职的魅力,让自己更加有价值,让自己的假期工作新鲜、有趣和充实。
* 假期兼职对于中职生来说有很多好处,但也需要注意一些问题。
* 在选择兼职工作时,中职生需要理性思考和谨慎选择,远离兼职陷阱,以获得更好的求职效果和工作体验。

随着社会的发展,越来越多的学生在假期选择兼职。假期兼职是一种常见的社会实践形式,有很多好处,可以帮助学生提高自身能力和素质,同时也可以为他们的未来职业发展打下基础。但同时,假期兼职也存在一些问题和挑战,占用学生的时间和精力,可能会干扰到学生的学习,影响到他们的学习成绩和未来的发展。兼职也存在安全问题,一些学生可能在身心不够成熟的情况下从事一些危险或过于辛苦的兼职工作,这可能会对他们的身体和心理健康造成影响。

因此，学生在选择假期兼职时需要注意选择适合自己的兼职工作，不要选择过于辛苦或危险的兼职工作；要合理安排时间，不要因为兼职而影响到自己的学习和未来的发展；要注意安全问题，保护好自己的身体和心理健康。

一、假期兼职的优势

（1）增加收入。假期兼职可以增加学生的经济来源，从而减轻家庭负担。同时，学生通过自己劳动所得到的收入也可以提高自己的消费意识和理财能力。

（2）增强实际操作能力。假期兼职可以使学生接触到各种各样的实际操作环境和场景，锻炼自己实际操作的能力和解决问题的能力，提高自己的专业素养和就业竞争力。

（3）提高社交能力。在兼职过程中，学生需要与不同年龄、不同职业、不同性格的人进行交流和合作，从而可以提高自己的社交能力，更加开朗自信。

（4）培养责任感。兼职工作可以让学生学会承担责任和压力，培养其责任感和自律性。

（5）增加工作经验。在兼职过程中，学生可以接触到各种职业，了解职业内部的运作机制和流程；可以使学生积累工作经验，为未来的职业发展打下基础。

（6）培养独立性。通过兼职工作，学生可以尝试独立解决问题和应对各种挑战，培养其独立性和自主性。

（7）提升自我价值。学生兼职可以使自己在实际操作中获得成功的体验，学会面对挑战和困难，提高自己的自信心和自我价值感。同时，也可以使学生更加了解自己，明确自己未来的方向和目标。

二、假期兼职防骗攻略

1. 提防非法中介机构

许多非法中介机构看准在校学生缺少社会经验，同时又挣钱心切的心理，在收取了高额中介费后却不履行合同，不能够及时为学生找到合适的工作，或者给学生找一家招聘公司，然后该公司又以种种名义推托；更有甚者，打一枪换一个地方，交钱后连人都找不到。

防范方法：学生兼职时一定要到有资质、信誉好的职介中心找工作。先看该职介中心是否有劳动部门颁发的《职业介绍许可证》和工商部门颁发的《营业执照》，只有具备这两证的职介中心，才能从事职业介绍工作。正规中介机构一般会将营业执照悬挂在大厅等较显著的位置。学生在去职介中心找兼职时，一定要看清对方的营业执照，了解其经营范围是否与其所说的相符。同时应当要求查看营业执照正本，不要被营业执照的复印件欺骗。

2. 拒交各种不合理的费用及证件

一些非法用人单位声称为了方便管理，会要求学生支付押金（保证金），承诺交完押金后就可以上班，并许诺工作结束后退还，然而工作结束时学生只能领到工资，押金却不见了踪影。或是交了费用之后，招聘单位又推托说目前职位暂时已满或者暂时没有工作可做等各种借口要求学生等消息，而且拒绝返还押金，最后便没有了音讯。

防范方法：任何招聘单位，向求职者收取报名费、培训费等行为，都属非法行为。中华人民共和国人力资源和社会保障部明文规定，用人单位不得以任何名义向应聘者收取报名费、考试费等。招聘单位培训本单位的职工，应当从企业成本中支出，也不准收取培训费。求职者遇到此类情况，要坚持拒交，以确保自己的合法权益不受侵害。坚决不押任何证件，证件一旦流失，不法分子可能利用它来买手机等贵重物品进行诈骗或者伪造证件等不法活动。

3. 远离传销

传销公司一般先安排学生以销售人员的名义上岗，再让学生交纳一定的提货款，让学生如法炮制去哄骗他人，有的同学在高回扣的诱饵下，甚至会去欺骗自己的同学、朋友。上当之后又往往骑虎难下，最终只得自己白搭上一笔钱。正规公司招聘从来不让求职者掏钱，不存在付钱之说。其实，在校学生从事推销、促销工作，效果并不好，由于认识的人相对较少，交际面较窄，很难在几个月里出现销售奇迹。

防范方法：了解传销特征。传销通常具有以下特征中的一个或几个：在"入会"时告诉你的职责之一是发展更多的人；交纳昂贵的会费；在工作场所很多人群情激昂。如果识别出是传销，学生应立即停止兼职，及时报警。

4. 避免被骗，成为免费劳动力

一些工厂抓住学生法律意识淡薄的弱点，强迫他们加班加点，甚至克扣工资。而类似网络打字员的工作，则大多都是骗人的，骗子一般会试用求职者一段时间，之后以各种理由拒绝录用。

防范方法：虽然假期工作时间比较短，但是也要签合同。在未签订合同的单位工作，应注意保留能证明双方劳动关系的证据，避免结算工资时"说不清"。在工作中也要提高警惕，注意维护自己的合法权益不受侵害。

> **拓展阅读**

兼职陷阱

只需用手机发个消息，就能获得不菲的"兼职费"；在家动动手指，就能"日入百元"。在这个暑假，针对在校学生的"兼职陷阱"正卷土而来，在校学生稍有不慎就会沦为电信诈骗的"帮凶"，最终跌入"深渊"。

16岁的中职生小李在网络聊天时，将微信账号出租给他人获利200元。谁料，租其微信账号者是电信网络诈骗分子，利用小李的微信账号进行刷单"引流"，诈骗20余万元……因将微信账号租给电信网络诈骗分子，小李被纳入信用惩戒人员名单，5年内被限制进行非柜面业务，即5年内不能使用银行卡在ATM机存取款，不能使用网银、手机银行转账，不能刷卡购物，不能在购物网站快捷支付，不能注册支付宝账户，不能使用支付宝、微信收发红包和扫码付款。

"高价收微信，不想卖的可以租，50元/天。""出租微信加我，长期有效。""注册1年、绑定手机，有交易记录。"微信还能出租？账号密码借出去几天，就有几百块到手？公安机关在侦查案件中发现，不法分子为隐藏自己的真实身份、躲避法律打击，利用部分群众爱占小便宜的心理，在网上以每天30~50元不等的价钱，租赁对方实名注册的微信账号，继而实施跨境电信诈骗犯罪活动。

微信明令禁止损害他人或公共利益的行为，对于存在违规行为的恶意账号，一经发现确认，微信安全系统会马上封停。不法分子必须找到新的可用账号才能继续他们的违法违规活动，"租号"就是不法分子想出来的一种解决办法。公安机关提醒：出售、出租、出借QQ、微信、手机卡等不仅容易泄露个人隐私，而且极有可能被对方用于洗钱、诈骗等违法犯罪行为，由此给自己带来巨大风险，并承担相应法律责任。

知识链接

中华人民共和国劳动合同法（节选）

（2007年6月29日第十届全国人民代表大会常务委员会第二十八次会议通过，根据2012年12月28日第十一届全国人民代表大会常务委员会第三十次会议《关于修改〈中华人民共和国劳动合同法〉的决定》修正）

第三节 非全日制用工

第六十八条

非全日制用工，是指以小时计酬为主，劳动者在同一用人单位一般平均每日工作时间不超过四小时，每周工作时间累计不超过二十四小时的用工形式。

第六十九条

非全日制用工双方当事人可以订立口头协议。从事非全日制用工的劳动者可以与一个或者一个以上用人单位订立劳动合同；但是，后订立的劳动合同不得影响先订立的劳动合同的履行。

第七十条

非全日制用工双方当事人不得约定试用期。

第七十一条

非全日制用工双方当事人任何一方都可以随时通知对方终止用工。终止用工，用人单位不向劳动者支付经济补偿。

第七十二条

非全日制用工小时计酬标准不得低于用人单位所在地人民政府规定的最低小时工资标准。非全日制用工劳动报酬结算支付周期最长不得超过十五日。

探究与思考

通过查阅资料，询问老师、学长等途径，你还知道哪些兼职陷阱？和同学们讨论一下如何进行防范。

第三课
顶岗实习

* 顶岗实习可以拓展中职生的综合素质,培养"适应型"人才。
* 顶岗实习使中职生增加社会阅历,积累工作经验。
* 顶岗实习能培养中职生的创业能力,帮助其树立正确的创业观。
* 顶岗实习能帮助中职生树立市场意识,端正就业态度。
* 顶岗实习能帮助中职生树立正确的立业观,适应市场,从而实现顺利就业。

顶岗实习

顶岗实习是指学生在基本上完成教学实习和学过大部分基础技术课之后,到专业对口的现场直接参与生产过程,综合运用本专业所学的知识和技能,以完成一定的生产任务,并进一步获得感性认识,掌握操作技能,学习企业管理,养成正确劳动态度的一种实践性教学形式。采用顶岗实习方式能让学生完全履行其实习岗位的所有职责,独当一面,对学生来说具有很大的挑战性,对学生

的能力锻炼起到很大的作用；顶岗实习方式也是《国务院关于大力发展职业教育的决定》中的"2+1"教育模式，即在校学习2年，第3年到专业相应对口的指定企业带薪实习1年。

一、确定顶岗实习单位

根据《职业学校学生实习管理规定》，职业学校学生进行顶岗实习可由学校统一安排实习单位，也可经学校批准自行选择实习单位。

学生自行选择顶岗实习单位时要注意考察单位资质、诚信状况、管理水平、实习岗位性质和内容、工作时间、工作环境、生活环境以及健康保障、安全防护等，选择合法经营、管理规范、设施设备完善、符合安全生产法律法规要求的实习单位。此外，学生自行选择顶岗实习单位，必须向学校提出书面申请，填写"自主选择顶岗实习单位申请表"，见表5-1。

表5-1 自主选择顶岗实习单位申请表（示例）

姓　　名		性　　别		专业班级	
学　　号		联系电话		电子邮箱	
实习单位			实习单位地　　址		
实习单位联系人		实习单位联系电话		实习时间	
自主选择实习单位申请书（可以附后） 　　　　　　　　　　　　　　　　　申请人（签字）：　　　　　　年　　月　　日					
学生承诺 　　本人在实习期间将严格要求自己，遵守国家法律法规和学院及实习单位的各项规章制度，按照实习计划完成实习任务。在实习期间，注意人身安全和生产安全，对自己的行为和安全负责；每周定期主动与班主任保持联系，按时完成实习总结报告。实习结束后，按时返校报到。 　　　　　　　　　　　　　　　　　　学生签名：　　　　　　　年　　月　　日					
家长意见	（是否同意该生自己联系实习单位） 　　　　　　　　　　　　　　　家长（签字）：　　　　　　　年　　月　　日				

续表

实习单位 意　见	（是否同意接收该生实习） 年　　月　　日（盖章）
班主任意见	（是否同意该生自己联系实习单位） 班主任（签字）：　　　　　年　　月　　日
学生所在 院系意见	（是否同意该生自己联系实习单位） 年　　月　　日（盖章）

注：此表一式三份，下载填好后由学生、班主任（辅导员）、学生所在院系各留存一份。

确定顶岗实习单位后一般不宜更换，但在顶岗实习过程中，如果学生因某些原因确实需要更换实习单位，可以向原实习单位和学校提出申请，并提交"顶岗实习单位变更申请表"，见表5-2。经原实习单位和学校同意，学生才能更换实习单位，到新的实习单位继续进行顶岗实习。

表5-2　顶岗实习单位变更申请表（示例）

姓　　名		性　　别		专业班级	
学　　号		联系电话		电子邮箱	
学生申请	本人因_____ _____， 申请于_____年__月__日起中止与_____ 签订的顶岗实习协议，前往_____参加顶岗实习。 　　　　　　　　　　　　　学生签名： 　　　　　　　　　　　　　家长（签字）： 　　　　　　　　　　　　　　　　年　　月　　日				
原顶岗 实习单位 意　见	本单位同意于_____年__月__日起中止与_____签订的顶岗实习协议，该生此前顶岗实习成绩综合评定为（优、良、中等、及格、不及格）。 年　　月　　日（盖章）				

续表

班主任意见	（是否同意该生更换实习单位） 班主任（签字）：　　　　年　　月　　日
学生所在 院系意见	（是否同意该生更换实习单位） 　　　　　　　　　　　　年　　月　　日（盖章）

注：此表一式三份，下载填好后由学生、原顶岗实习单位、学生所在院系各留存一份。

二、签订顶岗实习协议

1. 顶岗实习协议内容

根据《职业学校学生实习管理规定》，学生参加岗位实习前，职业学校、实习单位、学生三方必须以有关部门发布的实习协议示范文本为基础签订实习协议，并依法严格履行协议中有关条款。未按规定签订实习协议的，不得安排学生实习。实习协议应当明确各方的责任、权利和义务，协议约定的内容不得违反相关法律法规。

实习协议应当包括但不限于以下内容：①各方基本信息；②实习的时间、地点、内容、要求与条件保障；③实习期间的食宿时间、工作时间和休息休假时间安排；④实习报酬及支付方式；⑤实习期间劳动保护和劳动安全、卫生、职业病危害防护条件；⑥责任保险与伤亡事故处理办法；⑦实习考核方式；⑧各方违约责任；⑨三方认为应当明确约定的其他事项。

职业学校学生岗位实习三方协议
（示范文本）

甲方（学校）：_____

通信地址：_____

联系人：_____　　联系电话：_____

乙方（实习单位）：_____

通信地址：_____
联系人：_____ 联系电话：_____
丙方（学生）：_____
身份证号：_____
家庭住址：_____
联系电话：_____
丙方法定监护人（或家长）：_____
身份证号：_____
家庭住址：_____
联系电话：_____

为规范和加强职业学校学生岗位实习工作，提升技术技能人才培养质量，维护学生、学校和实习单位的合法权益，根据国家相关法律法规及《职业学校学生实习管理规定》（2021年修订），甲方拟安排_____级_____学院（系、部）_____专业学生_____（丙方）赴乙方进行岗位实习。为明确甲、乙、丙三方权利和义务，经三方协商一致，签订本协议。

一、基本信息

1. 实习项目（甲方填写）：_____
2. 实习岗位（乙方填写）：_____
3. 实习地点：_____
4. 实习时间：_____年____月____日—_____年____月____日
5. 工作时间：_____
6. 实习报酬

报酬金额：_____
支付方式：_____
支付时间：_____

7. 食宿条件

就餐条件：_____
住宿条件：_____

8. 甲方实习指导教师：_____ 联系电话：_____
9. 乙方实习指导人员：_____ 联系电话：_____

二、甲方权利与义务

1.负责联系乙方,并审核乙方实习资质及条件,确保乙方符合实习要求,提供的实习岗位符合专业培养目标要求,与学生所学专业对口或相近。不得安排丙方跨专业大类实习,不得仅安排丙方从事简单重复劳动。

2.根据人才培养方案,会同乙方制订实习方案,明确岗位要求、实习目标、实习任务、实习标准、必要的实习准备和考核要求、实施实习的保障措施等,并向丙方下达实习任务。

3.会同乙方制定丙方实习工作管理办法和安全管理规定、丙方实习安全及突发事件应急预案等制度性文件,对实习工作和丙方实习过程进行监管,并提供相应的服务。

4.为丙方投保实习责任保险,责任保险范围应覆盖实习活动的全过程,包括丙方实习期间遭受意外事故及由于被保险人疏忽或过失导致的丙方人身伤亡,被保险人依法应当承担的赔偿责任以及相关法律费用等。丙方在实习期间受到人身伤害,属于保险赔付范围的,由承保保险公司按保险合同赔付标准进行赔付;不属于保险赔付范围或者超出保险赔付额度的部分,由乙方、甲方、丙方承担相应责任。甲方有义务协助丙方向侵权人主张权利。投保费用不得向丙方另行收取或从丙方实习报酬中抵扣。

5.依法保障实习学生的基本权利,不得有以下情形:

(1)安排一年级在校丙方进行岗位实习;

(2)安排未满16周岁的丙方进行岗位实习;

(3)安排未成年丙方从事《未成年工特殊保护规定》中禁忌从事的劳动;

(4)安排实习的女学生从事《女职工劳动保护特别规定》中禁忌从事的劳动;

(5)安排丙方到酒吧、夜总会、歌厅、洗浴中心、电子游戏厅、网吧等营业性娱乐场所实习;

(6)通过中介机构或有偿代理组织、安排和管理学生实习工作;

(7)安排丙方从事Ⅲ级强度以上体力劳动或其他有害身心健康的实习;

(8)安排丙方从事法律法规禁止的其他活动。

6.除相关专业和实习岗位有特殊要求,并事先报上级主管部门备案的实习安排外,应当保障丙方在岗位实习期间按规定享有休息休假、获得劳动卫生安全保护、接受职业技能指导等权利,并不得有以下情形:

(1)安排丙方从事高空、井下、放射性、有毒、易燃易爆,以及其他具有较高安全风险的实习;

（2）安排丙方在休息日、法定节假日实习；

（3）安排丙方加班和上夜班。

7.不得向丙方收取实习押金、培训费、实习报酬提成、管理费、实习材料费、就业服务费或者其他形式的实习费用，不得扣押丙方的学生证、居民身份证或其他证件，不得要求丙方提供担保或者以其他名义收取丙方财物。

8.为丙方选派合格的实习指导教师，负责丙方实习期间的业务指导、日常巡查和管理工作；开展实习前培训，使丙方和实习指导教师熟悉各实习阶段的任务和要求。对丙方做好思想政治、安全生产、道德法纪、工匠精神、心理健康等相关方面的教育。

9.督促实习指导教师随时与乙方实习指导人员联系并了解丙方情况，共同管理，全程指导，做好巡查，并配合乙方做好丙方的日常管理和考核鉴定工作，及时报告并处理实习中发现的问题。

10.实习期间，对丙方发生的有关实习问题与乙方协商解决；发生突发应急事件的，会同乙方按安全及突发事件应急预案及时处置。

11.实习期满，根据丙方的实习报告、乙方对丙方的实习鉴定和甲方实习评价意见，综合评定丙方的实习成绩。

12.公布热线电话（邮箱），对各方的咨询及时回复，对反映的问题按管理权限和职责分工组织进行整改。

热线电话：_____　邮箱：_____。

13.甲方对违反规章制度、实习纪律、实习考勤考核要求以及本协议其他规定的丙方进行思想教育，对丙方违规行为依照甲方规章制度和有关规定进行处理。对违规情节严重的，经甲乙双方研究后，由甲方给予丙方纪律处分。给乙方造成财产损失的，丙方依法承担相应责任。

14.组织做好丙方实习工作的立卷归档工作。实习材料包括：（1）实习三方协议；（2）实习方案；（3）学生实习报告；（4）学生实习考核结果；（5）学生实习日志；（6）实习检查记录；（7）学生实习总结；（8）有关佐证材料（如照片、音视频等）；等等。

三、乙方权利与义务

1.向甲方提供真实有效的单位资质、诚信状况、管理水平、实习岗位性质和内容、工作时间、工作环境、生活环境，以及健康保障、安全防护等方面的材料。

2.严格执行国家及地方安全生产和职业卫生有关规定，会同甲方制定安全生产事故应急预案，保障丙方实习期间的人身安全和身体健康。协助甲方制订丙方岗位实习方案，保障丙方的实习质量。

3.定期向甲方通报丙方实习情况，遇重大问题或突发事件应立即通报甲方，并按照应急预案及时处置。

4.甲乙双方经协商，可以由乙方为丙方投保实习责任保险。责任保险范围应覆盖实习活动的全过程，包括丙方实习期间遭受意外事故及由于被保险人疏忽或过失导致的丙方人身伤亡，被保险人依法应当承担的赔偿责任以及相关法律费用等。丙方在实习期间受到人身伤害，属于保险赔付范围的，由承保保险公司按保险合同赔付标准进行赔付；不属于保险赔付范围或者超出保险赔付额度的部分，由乙方、甲方、丙方依法承担相应责任。乙方会同甲方做好丙方及其法定监护人（或家长）等善后工作。乙方有义务协助丙方向侵权人主张权利。投保费用不得向丙方另行收取或从丙方实习报酬中抵扣。

5.按照本协议规定的时间和岗位为丙方提供实习机会，所安排的工作要符合法律规定且不损害丙方身心健康；不得仅安排丙方从事简单重复劳动。为丙方提供劳动保护和劳动安全、卫生、职业病危害防护条件。落实法律规定的反性骚扰制度，不得体罚、侮辱、骚扰丙方，保护丙方的人格权等合法权益。

6.依法保障实习学生的基本权利，不得有以下情形：

（1）接收一年级在校丙方进行岗位实习；

（2）接收未满16周岁的丙方进行岗位实习；

（3）安排未成年丙方从事《未成年工特殊保护规定》中禁忌从事的劳动；

（4）安排实习的女学生从事《女职工劳动保护特别规定》中禁忌从事的劳动；

（5）安排丙方到酒吧、夜总会、歌厅、洗浴中心、电子游戏厅、网吧等营业性娱乐场所实习；

（6）通过中介机构或有偿代理组织、安排和管理学生实习工作；

（7）安排丙方从事Ⅲ级强度以上体力劳动或其他有害身心健康的实习；

（8）安排丙方从事法律法规禁止的其他活动。

7.除相关专业和实习岗位有特殊要求，并事先报上级主管部门备案的实习安排外，应当保障丙方在岗位实习期间按规定享有休息休假、获得劳动卫生安全保护、接受职业技能指导等权利，并不得有以下情形：

（1）安排丙方从事高空、井下、放射性、有毒、易燃易爆，以及其他具有较高安全风险的实习；

（2）安排丙方在休息日、法定节假日实习；

（3）安排丙方加班和上夜班。

8.实习期间，如为丙方提供统一住宿，应为其建立住宿管理制度和请销假制度。如不为丙方提供统一住宿，应知会甲方并督促丙方办理相应手续。

9.不得向丙方收取实习押金、培训费、实习报酬提成、管理费、实习材料费、就业服务费或者其他形式的实习费用，不得扣押丙方的学生证、居民身份证或其他证件，不得要求丙方提供担保或者以其他名义收取丙方财物。

10.会同甲方对丙方加强思想政治、安全生产、道德法纪、工匠精神、心理健康等方面的教育。对丙方进行安全防护知识、岗位操作规程等教育培训并进行考核，如实记录教育培训情况。不得安排未经教育培训和未通过岗前培训考核的丙方参加实习。

11.乙方安排合格的专业人员对丙方实习进行指导，并对丙方在实习期间进行管理。

12.乙方根据本单位相同岗位的报酬标准和丙方的工作量、工作强度、工作时间等因素，给予丙方适当的实习报酬。丙方在实习岗位相对独立参与实际工作、初步具备实践岗位独立工作能力的，合理确定实习期间的报酬，并以货币形式按月及时、足额、直接支付给丙方，支付周期不得超过1个月，不得以物品或代金券等代替货币支付或经过其他方转发。不满1个月的按实际岗位实习天数乘以日均报酬标准计发。

13.在实习结束时根据实习情况对丙方做出实习考核鉴定。

四、丙方权利与义务

1.遵守国家法律法规，恪守甲乙双方安全、生产、纪律等各项管理规定，提高自我保护意识，注重人身、财物及交通安全，保护好个人信息，预防网络、电话、传销等诈骗。严禁涉黄、涉赌、涉毒、酗酒，严禁到违禁水域游泳或参与其他危险活动等，严禁乘坐非法营运车辆等。

2.遵守甲乙双方的实习要求、规章制度、实习纪律及实习三方协议，认真实习，完成实习方案规定的实习任务，撰写实习日志，并在实习结束时提交实习报告；不得擅自离岗、消极怠工、无故拒绝实习，不得擅自离开实习单位。

3.若违反规章制度、实习纪律以及实习三方协议，应接受相应的纪律处分；给乙方造成财产损失的，依法承担相应责任。

4.在签订本协议时，丙方应将实习情况告知法定监护人（或家长），并取得法定监护人（或家长）签字的知情同意书作为本协议的附件。

5.如不在统一安排的宿舍住宿,须向甲乙双方提出书面申请,经丙方法定监护人(或家长)签字同意,甲乙双方备案后方可办理。

6.实习期间,丙方因特殊情况确需中途离开或终止实习的,应提前七日向甲乙双方提出申请,并提供法定监护人(或家长)书面同意材料,经甲乙双方同意,并办妥离岗相关手续后方可离开。

7.严格按照乙方安全规程和操作规范开展工作,爱护乙方设施设备,有安全风险的操作必须在乙方专门人员指导下进行。保守乙方的商业、技术秘密,保证在实习期间及实习结束后不向任何第三方透露相关的资料和信息。

8.个人权益受到侵犯时,应及时向甲乙双方投诉。丙方认为乙方安排的工作内容违反法律或相关规定的,应立即告知甲方,并由甲方协调处理。

9.实习期间,丙方发生人身等伤害事故的,有依法获得赔偿的权利。属于保险赔付范围的,由承保保险公司按保险合同赔付标准进行赔付;不属于保险赔付范围或者超出保险赔付额度的部分,由乙方、甲方、丙方依法承担相应责任。

五、协议解除

1.经甲、乙、丙三方协商一致,可以解除协议,并以书面形式确认。

2.有以下情形之一的,可以解除本协议:

(1)因不可抗力致使协议不能履行;

(2)甲方因教学计划发生重大调整,确实无法开展岗位实习的,至少提前十个工作日以书面形式向乙方提出终止实习要求,并通知丙方;

(3)乙方遇重大生产调整,确实无法继续接受丙方实习的,至少提前十个工作日以书面形式向甲方提出终止实习要求,并通知丙方;

(4)法律法规及有关政策规定的其他可以解除协议的情形的。

3.有以下情形之一的,无过错的一方有权解除协议,并及时以书面形式通知其他两方:

(1)甲方未履行对实习工作和丙方的管理职责,影响乙方正常生产经营的,经协商未达成一致的;

(2)乙方未履行协议约定的实习岗位、报酬、劳动时间等条件和管理职责的,经协商未达成一致的;

(3)丙方严重违反乙方规章制度,或丙方严重失职,给乙方造成人员伤亡、设备重大损坏以及其他重大损害的;

(4)法律法规做出的相关禁止性规定的情形的。

六、附则

1.本协议一式_____份,甲、乙、丙三方各执_____份,具有同等法律效力。

2.任何一方未经其他两方同意,不可随意终止本协议;任何一方有违约行为,均须承担违约责任。

3.有关本协议的其他未尽事宜,由甲、乙、丙三方协商解决并签署书面文件予以确认。协商不成的,任何一方当事人有权向所在地人民法院提起诉讼。

4.本协议自签字(盖章)之日起生效,至约定实习期届满或丙方实习结束时终止。

5.甲、乙、丙任何一方通信地址(联系方式)等与丙方实习相关的重大信息发生变更的应及时通知其他两方,否则,由此产生的一切不利后果自行承担;给其他两方造成损失的,应承担相应的法律责任。

6.本协议条款中涉及《职业学校学生实习管理规定(2021年修订)》中规定的原则上"不得"的,如实习因特殊要求存在不履行的可能,甲、乙、丙三方需事先协商一致、签订同意书,并报上级主管部门备案同意后,在不违反法律规定的条件下,方可实施,不视为违约。

7.如丙方集体签订协议,需由丙方代表签字,其他所有丙方需签订相应委托书,并作为本协议的附件。丙方代表在签字前,应将协议文本内容提前告知每一位参加岗位实习的学生(丙方)及其法定监护人(或家长),并在签署后将协议副本交每一位参加岗位实习的学生(丙方)。

8.其他事项:_____

_____

甲　　　方:(学校盖章)　　　　　乙　　　方:(实习单位盖章)

法定代表人:(签字)　　　　　　　法定代表人:(签字)

　　年　月　日　　　　　　　　　　　年　月　日

丙　　　方:(签字)

　　年　月　日

2. 签订顶岗实习协议注意事项

学校统一安排的顶岗实习，通常由学校与实习单位商议顶岗实习协议的内容并起草顶岗实习协议。学生自行选择顶岗实习单位的，一般先由学生与实习单位商议顶岗实习协议内容，起草初步的顶岗实习协议，然后提交学校审查，再由三方进行商议并确定最终的顶岗实习协议。

签订顶岗实习协议前，学生要仔细阅读所拿到的顶岗实习协议，逐项审查以下内容：

（1）顶岗实习单位的基本信息，包括单位名称、地址、法定代表人或指定负责人等是否与之前所了解的一致。单位的法定代表人或指定负责人是不是有效主体。

（2）实习时间和内容是否与学校的安排一致，实习地点是否与之前所商议的一致，实习期间的食宿安排是否合理。

（3）协议中约定的实习工作时间和休假安排是否符合相关法律法规的规定。

（4）协议中是否明确约定了实习报酬及支付方式。

（5）协议中是否明确了工伤、意外伤害等的责任承担方和保险承担方。

签订顶岗实习协议前，对于顶岗实习协议中的条款一定要问清弄懂，如果发现有含糊不清或对自己不利的条款，一定要及时指出并要求修改，避免签订"不全协议""模糊协议"等。此外，学生自行选择顶岗实习单位的，事先与实习单位商议的协议内容，一定要写入顶岗实习协议，切不可只达成"口头协议"。

 **实践活动**

"实习中的二三事"主题写作

实习是职业教育中实践教学的重要环节,对于中职生来说,实习的益处有很多,可以巩固专业知识、提高实践能力、拓展人际关系、增强责任感和团队精神、培养吃苦耐劳精神,同时也可以增加就业机会和提高自身职业素养。因此,中职生应该认真对待实习,充分利用实习机会提高自己的能力和素质。

实习能锻炼学生的各种能力,你在实习中遇到了哪些事情?请以"实习中的二三事"为主题,写一篇800~1 000字的作文。

 过程记录

写作题目:

写作思路:

写作框架:

 结果评价

教师可参考评价标准,对学生的作文进行评价,总分值100分,具体分配见表5-3。

表5-3 "实习中的二三事"主题写作评价表

评价标准	分值	分数小计	教师评价
完成作文,且字数符合要求	20		
逻辑清晰,层次分明	20		
重点突出,详略得当	20		
语言流畅,过渡自然,文字有吸引力	20		
体现自己的见识和理解	20		

第六单元

劳动铸就中国梦

历史由人民书写，辉煌靠劳动创造。以奋斗启航，以劳动圆梦。滴滴汗水，浇灌幸福之花；真抓实干，筑牢梦想之基。实现中国梦的新征程是充满光荣和梦想的远征，没有捷径，唯有实干。创造全体人民更加美好的生活，任重而道远，需要我们每一个人付出辛勤劳动和艰苦努力，不断谱写中国式现代化新篇章。

第一课

国货崛起

* "我们应该有自己的拳头产品,创出中国自己的品牌,否则就要受人欺负。"

——邓小平

* 新中国70多年的发展史,既是中华民族自立自强的伟大历程,也是全国劳动者齐心协力奋斗的光辉历程。

* 从洋货到国潮,国货的崛起离不开广大劳动者的辛勤努力、持之以恒的精神,没有劳动者,就没有国货的蒸蒸日上。

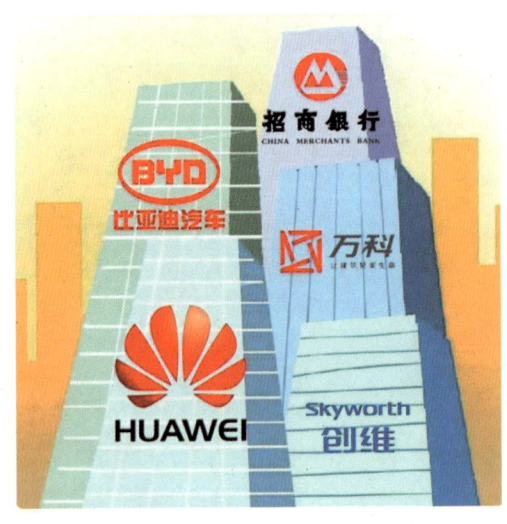

近年来,国货的崛起已经成为一种不可忽视的趋势。越来越多的消费者开始关注国货,支持国货,为国货的发展注入了强大的动力。这是对劳动者最好的回报。

中华人民共和国成立以前，很多机器、日用品名称前都加上了一个"洋"字，雨伞叫"洋伞"，白纸叫"洋纸"，火柴叫"洋火"……这是因为当时中国的工业生产水平落后于西方国家，当时的中国，连最常见的火柴、肥皂都难以生产。在很长时间内，中国人的生活中充斥着大量"洋货"。

中华人民共和国成立以后，全国各地涌现出一批批劳动模范，时传祥、王进喜、孟泰、郝建秀……他们所在的行业不同，但每一个人都将提升国力、壮大中国作为自己奋斗的目标，发自内心地将自己的工作与企业的生产和国家的发展视为一体。他们坚信多织一匹布、多做一个零件、多炼一炉钢，国家就能发展得更快一些，人民的生活就会更好一些，祖国在国际上的腰杆就能更直一些。他们不计较个人得失，凭着对事业、对祖国的热爱，想方设法提升自己的技能水平，推进改革创新。他们克服了难以想象的重重困难，在各自的岗位上连创佳绩，而背后则是多年的艰苦奋斗。正是因为这些劳动者的爱岗敬业、争创一流、艰苦奋斗、勇于创新、淡泊名利、甘于奉献，才支撑着中国走过最初的艰难险阻，为国家的现代化发展打下了坚实基础。

国货的崛起不仅代表着中国制造的崛起，更体现了中国品牌的崛起和对品质生活的追求，还体现了劳动人民坚持不懈、勇于创新的劳动精神。在未来发展中，国货将继续面临机遇和挑战。因此，只有不断创新、提升品质和服务，保持不变的劳动精神，才能真正赢得消费者的信任和市场的认可。同时，我们相信未来的国货将在全球市场上发挥更加重要的作用，助力中国经济实现更高质量的发展。

拓展阅读

"国品之光"——海尔

从"砸冰箱"保质量到自研干湿分储冰箱，海尔靠的是坚持创新驱动。1985年，张瑞敏抡起铁锤砸碎了76台质量不合格的冰箱，此举不仅奠定了海尔的品质基础，也迈出了中国企业"品牌意识"觉醒的脚步。"国品之光"海尔用自我变革掐准时代脉搏，把东方神话写进历史，以智慧迭代赋能生活。让我们感受到被世界认可的"中国品质"背后，是敢为人先、主动变革的决心和勇气，是不断传承、不断精进、不断超越的信念与责任。正是凭借值得信赖的"中国品质"，今天的海尔才能够深入全球160个国家和地区，服务全球10亿以上用户家庭，为全球用户定制个性化的智慧生活。

"世界名牌"——格力

从靠组装窗机发展到核心零部件全自研，格力靠的是持续精益求精。

坚持创新驱动的"世界名牌"格力，提出研发经费"按需投入、不设上限"。经过长期沉淀积累，截至2023年11月，格力电器累计申请国内专利116 751项，其中发明专利62 162项；累计授权专利20 129项，发明授权连续五年进入全国前十。现拥有40项"国际领先"技术，获得国家科技进步奖2项、国家技术发明奖3项（包括"格力钛"1项）、中国专利金奖2项（包括"格力钛"1项）、中国外观设计金奖3项。

2022年下半年,在权威市场调查机构欧睿国际所发布的数据中显示,2021年格力家用空调全球市场占有率达20.2%,品牌零售销量全球领先,其正在用过硬的市场表现践行着"让世界爱上中国造"的雄心壮志。

知识链接

中国品牌日

2017年4月24日,国务院印发《国务院关于同意设立"中国品牌日"的批复》,同意自2017年起,将每年的5月10日设立为"中国品牌日"。

2017年5月10日是第一个中国品牌日,中央电视台财经频道围绕"中国品牌日",推出"品牌的力量"系列主题活动,发布"CCTV中国品牌榜"首批入围名单。

2018年5月10日是第二个中国品牌日,中国品牌日活动于上海拉开序幕,其包括中国自主品牌博览会和中国品牌发展国际论坛两大环节,主题为"中国品牌 世界共享"。

2019年5月10日是第三个中国品牌日,主题是"中国品牌,世界共享;加快品牌建设,引领高质量发展;聚焦国货精品,感受品牌魅力"。集中展示200多家知名自主品牌企业的国货精品。

2020年5月10日是第四个中国品牌日,当年的中国品牌日活动充分利用互联网平台、三维虚拟现实等技术,兼顾电脑和手机终端服务,采用全程在线形式,举办云上中国自主品牌博览会和2020年中国品牌发展国际论坛。

2021年5月10日是第五个中国品牌日,以"中国品牌,世界共享;聚力双循环,引领新消费"为主题,集中宣传展示中国品牌发展新成果、新形象。

2022年5月10日是第六个中国品牌日,人民网推出"中国品牌之声"系列策划,邀请各行业企业负责人就中国品牌建设话题进行分享。

2023年5月10日是第七个中国品牌日,活动主题为"中国品牌,世界共享;品牌新力量,品质新生活",于2023年5月10日至14日在上海举行。

中国品牌日的意义是发挥品牌引领作用，推动供给结构和需求结构升级，有利于激发企业创新创造活力，促进生产要素合理配置，提高全要素生产率，提升产品品质，实现价值链升级，增加有效供给，提高供给体系的质量和效率；有利于引领消费，创造新需求，树立自主品牌消费信心，挖掘消费潜力，更好地发挥需求对经济增长的拉动作用，满足人们更高层次的物质文化需求；有利于促进企业诚实守信，强化企业环境保护、资源节约、公益慈善等社会责任，实现更加和谐、更加公平、更可持续的发展。

中国品牌日标识为由篆书"品"字为核心的三足圆鼎形中国印。

"品"字一方面体现中国品牌日的"品牌"核心理念，昭示开启品牌发展新时代；另一方面蕴含"品级、品质、品位"之意，象征品牌引领经济向高质量发展。

"鼎"是中华文明的见证，是立国重器、庆典礼器、地位象征。以鼎作为中国品牌日标识符号要素，象征品牌发展是兴国之策、富国之道、强国之法，彰显中国品牌声誉大名鼎鼎，中国品牌承诺一言九鼎，中国品牌发展迈向鼎盛之时。

"印章"是我国传统文化的代表，是易货的凭证、信誉的标记、权力的象征。以印章作为中国品牌日标识符号要素，体现了中国品牌重信守诺，象征着中国品牌发展的国家意志。

探究与思考

你都知道哪些国货？通过查找资料追寻国货崛起背后的故事，在课后与同学们讨论一下。

第二课
中国创造

* "中国创造"作为一个崭新的词汇,已经渐渐地代替"中国制造"而被世界广泛认知,它体现的不再是简单的体力劳动,而是更高层次的脑力创造活动。
* 每一个伟大,都需要万千小事来填充;每一次成功,都需要用实干和担当来创造。在中国创造的新征程上,广大劳动者是铸就中国梦的主力军。

中国创造

从穿越复杂地质地形的山区铁路到高速铁路,从长江大桥到跨海大桥,从核潜艇到深海载人潜水器,翻越高山、跨越江河、潜入大洋,没有任何艰难险阻能拦住中国发展的步伐。中国奇迹的创造有多种因素,但最关键的因素是人的因素。千千万万的劳动者是创造中国奇迹的基石,不断传承的劳动精神是山海不可挡的中国力量。

今天，中国的高铁走出国门、"天宫"遨游太空、5G技术引领潮流……"中国制造"遍布世界，并向"中国创造"挺进。国际学术期刊为中国科研制作特辑；世界知识产权组织称赞中国专利"井喷"；"天宫""蛟龙""天眼""悟空""墨子"等科技成果惊艳世界；"新四大发明"在海外圈粉无数……从世界工厂到创造大国，中国创造正在更多地收获世界的赞誉。

中国创造离不开辛勤的劳动。人世间的一切美好，只有通过奋斗才能实现；生命里的一切辉煌，也只有通过奋斗才能铸就。当我们在餐厅大快朵颐时，厨师正围着炉火不停翻炒；当我们徜徉公园、商业街时，环卫工人正忙着清扫；当我们开车行驶在路上时，交警正顶着烈日为我们保驾护航……其实，我们每个人都是新时代的劳动者，虽然岗位各不相同，但我们都在各自领域倾情付出、默默奉献，用辛勤的汗水诠释着劳动创造美好生活的深刻含义。

在这个创造的时代，中国需要什么样的劳动者？2023年4月27日，庆祝五一国际劳动节暨全国五一劳动奖和全国工人先锋号表彰大会在北京举行，颁授全国五一劳动奖状207个、全国五一劳动奖章1 035个、全国工人先锋号1 044个。在各地推荐的奖章人选中，产业工人412名，占41.6%；其他一线职工和专业技术人员235名，占23.7%；科教人员215名，占21.7%；农民工167人，占16.9%……平凡铸就伟大，在劳动中不断争取更大荣光，是他们身上最鲜明的标志。

社会主义是干出来的，幸福是奋斗出来的。劳动是平凡的，但每一份付出都饱含着对幸福的渴望，每一滴汗水都透露着对美好的向往。人生理想因劳动而成就，国家民族繁荣富强同样因劳动而成就。我们要全面贯彻党的二十大精神，做好经济社会发展各项工作，全面建设社会主义现代化国家开好局起好步，离不开全社会每一位劳动者坚守各自岗位苦干实干、共同努力。

星光不问赶路人，时光不负有心人。全面建设社会主义现代化国家新征程，需要每一位劳动者通过辛勤劳动、诚实劳动、创造性劳动，创造更美好的生活，不断谱写中国式现代化崭新篇章。

深游大洋

深海载人潜水是一项涉及多学科的系统化复杂工程，在海平面数千米之下的深海进行作业，对潜水器的设计、建造、加工、装配的要求非常高，需要多个工种、多个部门高标准、高精度地协同完成相关任务。"奋斗者"号总设计师、万米海试总指挥叶聪曾介绍说："中国的载人潜水器经过20多年的发展，凝结了全国100多家优势科研院所和企业的努力，是中国深海科技的集中体现。"他更强调，许多任务需要科学家、设计师和技能人才共同努力才能完成。载人潜水器设计和图样最终需要技能人才的双手来"落地"，否则一切都是纸上谈兵。顾秋亮就是其中一员。

顾秋亮是中船重工七〇二研究所的钳工技师，安装调试过"蛟龙"号等几十项重大项目。即便是在颠簸的大海上，他手工打磨维修的潜水器密封面平面度也能控制在两丝以内，因此人称"顾两丝"。

2004年，"蛟龙"号开始组装，顾秋亮和同事们一起被抽调到这个项目组，凭着"两丝"的功力，顾秋亮被任命为装配组组长。"蛟龙"号是中国首个大深度载人潜水器，组装起来没有可以借鉴的经验，顾秋亮他们只能一点点摸索。在潜水器总装之初，如何将上千个零部件整合为一台功能齐全、性能优异的潜水器，是横在顾秋亮和同事们面前的一座大山。顾秋亮爱琢磨的那股"钻"劲发挥了很大作用。"蛟龙"号使用的钛合金框架强度高，打孔异常困难，但光是M6型螺丝孔就得打700多个，而且板很薄，螺丝很难吃牢。为此顾秋亮带着徒弟一起想出了办法：在孔的反面加焊螺母，不仅能吃牢螺丝，也不怕以后松动了。

顾秋亮说："在海上工作生活确实很苦很累，但我感到很兴奋、很自豪。不管是晚上加班到半夜还是早上五点半起床保养潜器，不管日晒还是雨淋，我都感到很光荣，能为海试出一份力，我很骄傲，因为在祖国的深潜纪录中有我的汗水，光荣！"

潜水器的结构件及设备安装都有非常严格的要求，所有结构件、零部件的安装位置必须到位，强度必须保证。例如，潜水器舯部两侧的测深侧扫声响，对安装的精度要求非常高，顾秋亮根据设计安装图样设计并绘制安装工艺图,成功完成安装,满足了精度要求。

2009年,"蛟龙"号开始海上试验。年过半百的顾秋亮义无反顾地踏上海试征程。一上船他就晕船严重,靠吃晕船药硬撑着投入紧张的工作中。2012年海试期间,顾秋亮和同事们连熬两个通宵,解决了推进器的问题。冲刺7 000米深度大关前夕,他冒雨抢修损坏的推力器,再次忙到凌晨。"蛟龙"号首席潜航员叶聪从深海返回,写下这样一段话:"昨晚,同志们只睡了五个小时,顾秋亮则更少。今天早上,我来到'蛟龙'边,他们已做好了下潜前的准备。因为有了他们,我无所畏惧,无比自信。"

探究与思考

你认为中国创造需要新时代的劳动者怎样做呢?请和同学们讨论一下。

遨游太空

"可上九天揽月，可下五洋捉鳖。"

——毛泽东《水调歌头·重上井冈山》

年份	名称	说明
1970年	东方红一号	"东方红一号"人造卫星发射成功。这是中国发射的第一颗人造卫星。
1999年	神舟一号	中国第一艘无人试验飞船"神舟一号"在酒泉起飞，21小时后在内蒙古中部回收场成功着陆，圆满完成"处女之行"。
2003年	神舟五号	"神舟五号"完成首次载人飞行，乘载的宇航员是杨利伟，成功围绕地球14圈。
2007年	嫦娥一号	"嫦娥一号"卫星在西昌卫星发射中心升空，这是我国首颗绕月人造卫星。
2011年	天宫一号	"天宫一号"目标飞行器从酒泉卫星发射中心发射，这是中国首个自主研制的载人空间试验平台。
2016年	天宫二号	"天宫二号"空间实验室在酒泉卫星发射中心成功发射，这是继"天宫一号"后中国自主研发的第二个空间实验室。
2018年	嫦娥四号	我国发射"嫦娥四号"，携带"玉兔二号"月球车实现人类首次着陆月球背面。
2020年	嫦娥五号	我国发射"嫦娥五号"月球探测器，实现了我国首次地外天体采样返回，标志着嫦娥工程"绕落回"圆满收官。

实践活动

个人梦与中国梦

农民的田地、工人的车床、科技工作者的实验数据……一个个生动鲜活的劳动场景，铸就了实现中国梦的基石，更用劳动光荣诠释着只有将个人梦融入中国梦才能成就出彩人生的深刻道理。我们都是追梦者，也是圆梦人。实现中华民族伟大复兴的中国梦为个人梦提供了丰厚土壤，每个人追逐梦想的同时又为中国梦奠定了厚实基础，当个人梦与中国梦在劳动奉献中实现"同频共振"时，两者都会加速绽放。请以"个人梦和中国梦"为主题组织一场演讲比赛。

 过程记录

讲稿思路：

写作要点：

演讲准备要点及完成情况：

心得体会：

 结果评价

教师可参考评价标准，对学生的演讲进行评价，总分值100分，具体分值分配见表6-1。

表6-1 "个人梦和中国梦"演讲比赛评价表

评价标准	分值	分数小计	教师评价
演讲内容契合主题，见解独到	20		
演讲稿层次分明，构思巧妙	20		
演讲时吐字清晰，语速适当	20		
演讲时举止得体，精神饱满	20		
演讲效果好，富有感染力	20		

第六单元　劳动铸就中国梦

亲爱的同学，你对本书哪部分的内容最有感触？写下你的阅读体验，并与同学、老师、家人、好友一起分享吧！